Maria Prieler-Woldan

Von Schätzen in Haushalt, Backofen und Mutterleib

Maria Prieler-Woldan

Von Schätzen in Haushalt, Backofen und Mutterleib

Biblisches aus Frauenperspektive

Fromm Verlag

Impressum/Imprint (nur für Deutschland/ only for Germany)
Bibliografische Information der Deutschen Nationalbibliothek: Die Deutsche Nationalbibliothek verzeichnet diese Publikation in der Deutschen Nationalbibliografie; detaillierte bibliografische Daten sind im Internet über http://dnb.d-nb.de abrufbar.

Coverbild: www.ingimage.com

Contact:
International Book Market Service Ltd., 17 Rue Meldrum, Beau Bassin, 1713-01 Mauritius
Website: www.bookmarketservice.com
Email: info@bookmarketservice.com

Gedruckt in: USA, UK, Deutschland. Dieses Buch wurde nicht in Mauritius produziert.

Imprint (only for USA, GB)
Bibliographic information published by the Deutsche Nationalbibliothek: The Deutsche Nationalbibliothek lists this publication in the Deutsche Nationalbibliografie; detailed bibliographic data are available in the Internet at http://dnb.d-nb.de.

Cover image: www.ingimage.com

Contact:
International Book Market Service Ltd., 17 Rue Meldrum, Beau Bassin, 1713-01 Mauritius
Website: www.bookmarketservice.com
Email: info@bookmarketservice.com

Printed in: U.S.A., U.K., Germany. This book was not produced in Mauritius.

ISBN: 978-3-8416-0196-4

Inhaltsverzeichnis

Vorwort

„Wo dein Schatz ist, da wird auch dein Herz sein“, sagt Jesus in der Bergpredigt (Mt 6,21). Als Predigerin, aber auch als Seminarleiterin und in der stillen Arbeit am Schreibtisch haben sich mir in den letzten Jahren die Schätze biblischer Texte zunehmend neu eröffnet und mir das Herz erwärmt. In verschiedenen Bibelarbeiten habe ich diese Erkenntnisse festgehalten. Eine Auswahl daraus stelle ich im vorliegenden Buch vor.

Der Charakter der einzelnen Beiträge ist unterschiedlich, manche sind Texte nur zum Lesen, andere wurden ursprünglich nur zum Hören verfasst. In den Beiträgen, die ich als Predigten gehalten habe, erkennt man den Sprachduktus des Mündlichen. Dazu gehört unter anderem die Rede von „wir“ als Gottesdienstgemeinde. Um die Lebendigkeit der Texte zu erhalten, bin ich auch in der schriftlichen Fassung beim „wir“ geblieben, obwohl mir bewusst ist, dass als LeserInnen – hoffentlich – nicht nur KirchgängerInnen infrage kommen. Ich habe mich um eine nicht nur für „Kirchen-InsiderInnen“ verständliche Sprache bemüht und manche Begriffe in Fußnoten erläutert. In den Texten finden sich, meinem Umfeld entsprechend, auch speziell österreichische und speziell katholische Bezüge.

Manchen Beiträgen liegt nur ein einzelner Bibeltext zugrunde, manchen zwei („Lesung“ und „Evangelium“). Die Auslegung bezieht sich (vorwiegend) auf die jeweils fettgedruckte Schriftstelle.

Wenn nicht anders angegeben, habe ich als Übersetzung die „Einheitsübersetzung“ verwendet, die in der katholischen Liturgie gebräuchlich ist. Ich arbeite aber auch mit anderen Übersetzungen, besonders gerne mit der „Bibel in gerechter Sprache“, die 2006 erstmals erschienen ist. Sie hat mir aufgrund ihrer Nähe zum hebräischen beziehungsweise griechischen Urtext und durch ihre ausführlichen Erläuterungen zentraler biblischer Begriffe die Schätze mancher Bibelstellen ganz neu eröffnet, was in einigen der folgenden Beiträge deutlich wird.

Wie der Bibel in gerechter Sprache ist auch mir eine geschlechtergerechte Formulierung wichtig. In meinen Texten verwende ich mehrere Varianten, zum Beispiel: „Christinnen und Christen", aber auch: „ZuhörerInnen", da ich bisher noch keine mich überzeugende Form gefunden habe.

Ich danke allen Frauen und Männern, die meine Bibelarbeiten im Vorfeld gehört oder gelesen haben, für wohlwollende Kritik und Ermutigung. Besonders danke ich Marianne Wögerer für ihr sorgfältiges Lektorat, Dorothea Schwarzbauer-Haupt für ihre Anmerkungen und meiner Tochter Veronika Prieler für das Layout und für viele Hinweise auf Details. Ihr ist das vorliegende Buch gewidmet, als junger Frau, die wie Samuel in einer Zeit aufwächst, in der „das Wort Gottes selten geworden und die Gotteslampe fast erloschen" ist.

Ich wünsche Ihnen viel Freude beim Lesen dieses Buches und beim Entdecken neuer Schätze in alten Texten!

Maria Prieler-Woldan

Einleitung

Als Frau in meinem Haushalt und als Selbstständige in meinem Arbeitszimmer fühle ich mich oft wie die biblische Frau, die verzweifelt eine Drachme sucht (Lukas 15, 8-10). Genauso wie sie kenne ich dann auch die Freude, wenn das Gesuchte auftaucht, und dabei vielleicht noch zufällig etwas anderes, schon länger Vermisstes. Nur wer sucht, wird finden, ermutigt uns Jesus, und das gilt besonders auch für meinen persönlichen „biblischen Haushalt". Ich stöbere in Texten, ihren Hintergründen und Auslegungen und meinen eigenen Gedanken dazu und lasse mich überraschen. Gerade der absichtslose Blick lässt Verborgenes entdecken und Altes mit Neuem kombinieren.

Meine Erfahrungs- (und zugleich meine theologische) Perspektive als Frau leitet die Auswahl der folgenden Texte (die ich hier einfach alle Predigten nenne) und den Zugang zu ihnen. Wie Elemente einer bunten Halskette fädle ich für das vorliegende Buch die einzelnen Themen an meinem eigenen roten Faden auf, der weder dem Lauf des Kirchenjahres folgt, noch nach Altem (Erstem) und Neuem (Zweiten) Testament geordnet ist. Die Entdeckungsfreude, der „Glanz", den diese „Edelsteine" für mich bekommen haben, ist dafür das bestimmende Motiv.

Ich beginne – fast wie im Märchen – mit vergrabenen und entdeckten Schätzen.

Dann folgt mit Auslegungen zur Symbolik des Backofens und des Mutterleibes ein wesentlicher Lebensbereich von Frauen, der in der Predigtpraxis (und nicht nur dort) oft im Schatten steht, ausgehend von einigen kurzen oder relativ unbekannten Schrifttexten, die anscheinend für eine Predigt nicht genug hergeben, die ich aber gerne als Perlen an meiner Kette aufreihe.

Mit Umkehr und Aufbruch bearbeite ich dann zwei wesentliche christliche Themen, indem ich sehr bekannte Texte sozusagen umkehre und aufbreche: das Gleichnis vom verlorenen Sohn und den Besuch der drei Männer bei Abrahams (und Saras) Zelt. An die Leerstelle der nicht vorhandenen oder aus dem

Blickfeld gedrängten Frau tritt hier in überraschender Weise ein Gott mit „weiblichen“ Zügen.

Drei Predigten zum Stichwort Heilung folgen. Nach dem Aufbruch ist es hier der Durchbruch zu neuen Sichtweisen, der für mich heilsam erscheint und das eigentliche Wunder ausmacht.

Im Abschlusskapitel geht es um Berufung in schwierigen Zeiten. In biblischen Berufungserzählungen entdecke ich dazu erstaunlich Aktuelles. So war auch im Alten Testament schon von Priestern und ihren Missbrauchsgeschichten die Rede.

Mit einem eher leisen Schlusstext kehre ich zum Schatzmotiv zurück und schließe damit die Kette.

Von vergrabenen und entdeckten Schätzen

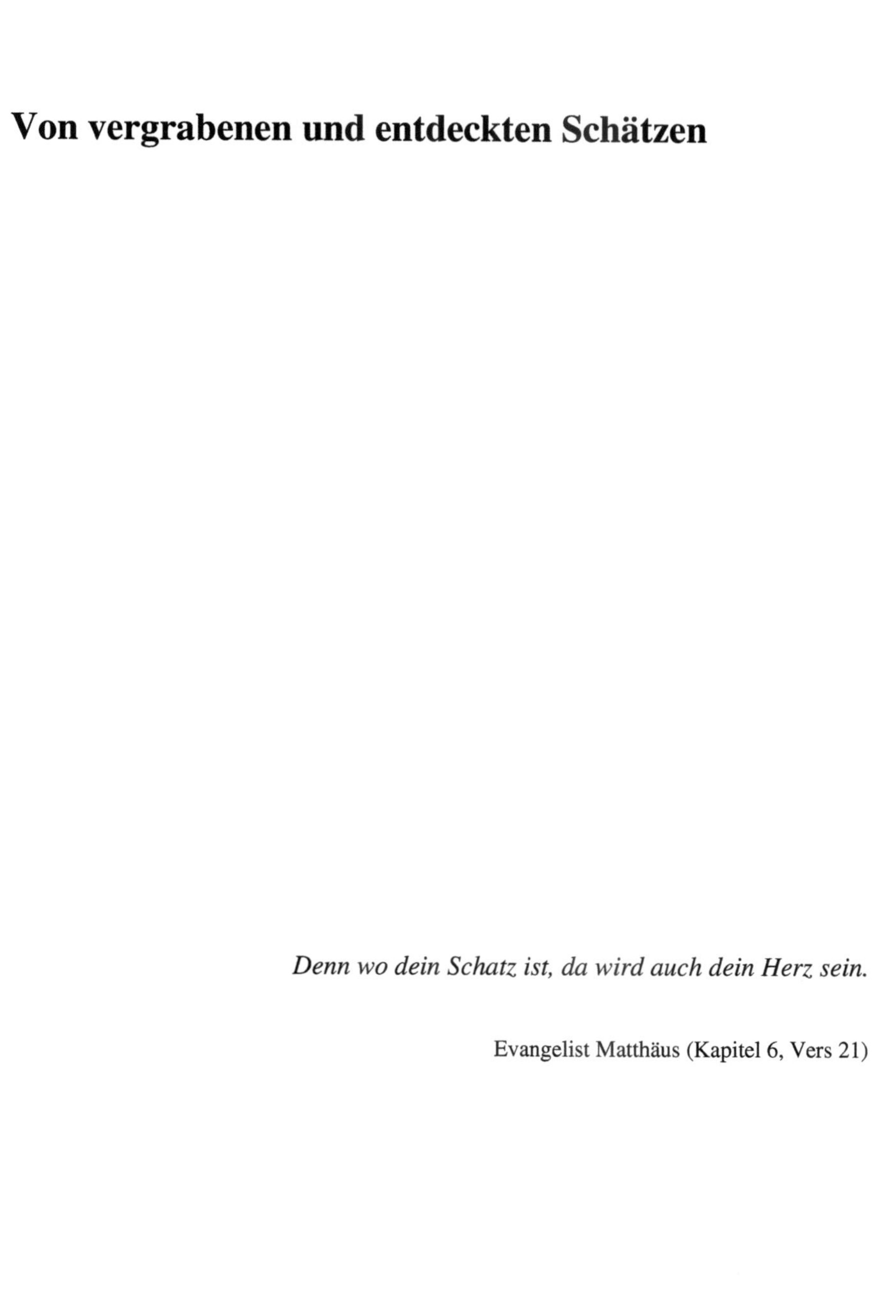

Denn wo dein Schatz ist, da wird auch dein Herz sein.

Evangelist Matthäus (Kapitel 6, Vers 21)

Altes und Neues aus der Schatzkiste

Mt 13,44-46; 51-52

Die Gleichnisse vom Schatz im Acker und von der Perle gehören zu den kurzen, aber dennoch recht bekannten Gleichniserzählungen der Bibel. So wie sie selbst uns vertraut sind, ist uns auch ihre übliche Auslegung vertraut: Für die großen Schätze des Himmelreiches soll man alles andere gering schätzen. Wer einmal von Christus und seiner Botschaft gepackt ist, der oder die wird mit Freude alles andere hinter sich lassen.

So weit so gut. Ich möchte jedoch einen anderen Schwerpunkt setzen und aus der biblischen Schatzkiste noch einen weiteren Satz herausziehen, der den beiden Kurzgleichnissen zwar nicht direkt, aber nach einem Einschub folgt, das Bild vom Schatz nochmals entfaltet und damit gleichzeitig die große Gleichnisrede Jesu abschließt.

Da fragt nämlich Jesus ganz unvermittelt seine Jünger: „Habt ihr das alles verstanden? Sie antworten: Ja." Während sie ihn vorher um Auslegungen gebeten haben, was denn zum Beispiel das Gleichnis vom Sämann oder vom Unkraut im Weizen bedeute, haben sie jetzt offenbar begriffen. Sie – und wir – sind manchmal begriffsstutzig; aber ein anderes Mal verstehen wir doch unmittelbar, worum es geht.

Aber wie ist nun der Schlusssatz der Gleichnisrede wirklich zu verstehen? Es heißt da (Vers 52): „Da sagte er zu ihnen: Jeder Schriftgelehrte also, der ein Jünger des Himmelreiches geworden ist, gleicht einem Hausherrn, der aus seinem reichen Vorrat Neues und Altes hervorholt."

Soweit die Einheitsübersetzung. Die Zürcher-Bibel spricht sogar von einer „Schatzkammer" des Hausherrn, während in der Luther-Übersetzung nicht der Hausherr, sondern der „Hausvater" aus seinem Schatz Neues und Altes hervorholt. Aber hat nun nur derjenige Schriftgelehrte, der sich zu Jesus bekehrt, einen Schatz, und warum holt er daraus auch Altes hervor? Polemisiert Jesus hier gegen „die Juden“, „die Schriftgelehrten“, und schwächt er das gleichzeitig wieder ab, indem er auch das Alte als Schatz würdigt?

Manchmal hilft uns eine neue Übersetzung, indem sie die Bedeutung weitet, etwas besser zu verstehen. Die Übersetzung der Bibel in gerechter Sprache kommt ohne antijüdische Klischees aus. Überdies umschreibt sie allzu gewohnte männliche Begriffe und macht daraus Tätigkeiten, die auch von Frauen ausgeübt werden. Die „Schriftgelehrten“ sind dann „alle, die die Tora[1] studieren“; die „Jünger des Himmelreiches“ sind „die, die von der gerechten Welt Gottes lernen“ und die „Hausherren“ oder „Hausväter“ sind „Menschen, die einen Haushalt führen“.

Hören wir, wie das dann klingt, fast wie ein weiteres kleines Gleichnis, wenn Jesus da sagt: „Alle, die die Tora studieren und von der gerechten Welt Gottes lernen, gleichen Menschen, die einen Haushalt führen und aus ihrer Schatzkiste Neues und Altes hervorholen.“

Vielleicht gibt es also neben der Freude über die schöne Perle und den unerwarteten Fund im Acker noch eine Freude über die Schätze im eigenen Haushalt, nicht nur über die verlorene und wieder gefundene Drachme eines anderen Gleichnisses.

In einem Haushalt gibt es viele Schatzkisten. Früher gab es kaum Kinderspielzeug, aber die Laden mit den Töpfen und Deckeln und Kochlöffeln waren für die Kleinen so etwas wie Schatzkisten: für die Buben vielleicht die Werkzeugkiste, für mich als Mädchen jedenfalls die Nähschachtel und die Knopfdose – unermessliche Welten, wo Altes und Neues friedlich nebeneinander ruhten, geordnet oder auch durcheinander, vor allem nach dem Spiel. Da gab es ständig neue Kombinationen und unerwartete Entdeckungen.

---

[1] *Tora* (betont auf der letzten Silbe) wird üblicherweise als „das Gesetz“ übersetzt. Der Begriff bezieht sich auf die heiligen Schriften des Judentums, besonders die fünf Bücher Mose, bedeutet aber auch „Weisung“, also eine Orientierung, die Glück und Freude bringt. Vgl. Frank Crüsemann: Stichwort *Tora*, in: Bibel in gerechter Sprache, S. 2350.

Manches, das in so einer Schatzkiste im Haushalt ruht, mag vielleicht lang nicht gebraucht worden und verstaubt sein, aber im Bedarfsfall ist es gut, wenn das Passende zur Hand ist – und der „Platte“ beim Fahrrad repariert, der Finger mit Pflaster versorgt, ein Knopf angenäht werden kann. So banal und von geringem Wert einzelne dieser Schätze zu sein scheinen, während sie in der Kiste liegen, so wichtig und unersetzbar ist der richtige zum richtigen Zeitpunkt.

Vielleicht sind die Geschichten der Bibel auch solche Schätze. Auf den ersten Blick erscheinen sie weniger spektakulär als der Schatz im Acker und die kostbare Perle, aber dafür sind sie recht alltagstauglich und notwendig. Es ist Not wendend im wahrsten Sinn des Wortes, wenn wir Altes und Neues aus dem Vorrat zur rechten Zeit finden und auspacken können, vielleicht auch erst nach längerem Suchen im Durcheinander der Kiste unserer religiösen Tradition. Erstaunlich und beglückend, was da alles verborgen ist, manches noch brauchbar, vielleicht gerade jetzt richtig und wichtig. Wie gut, dass wir nicht radikal entrümpelt haben. Es gibt neue Kombinationen und unerwartete Entdeckungen, wenn wir wie die Kinder im Fundus unserer Tradition stöbern und mit dem Gefundenen spielen.

„Alle, die die Tora studieren und von der gerechten Welt Gottes lernen, gleichen Menschen, die einen Haushalt führen und aus ihrer Schatzkiste Neues und Altes hervorholen.“

Ob neue Perlen und Schrauben oder alte Hüte und Knöpfe – es ist nicht alles Gold, was glänzt. Dennoch birgt so eine biblische Schatzkiste immer wieder Überraschungen, viel Material zum Lernen und Üben und den richtigen Schatz für so manchen Notfall.

Dann öffneten sie ihre Schätze …

Predigt zum Dreikönigstag

Mt 2,1-12

Vielleicht sind in den letzten Tagen die Sternsinger[2] bei Ihnen vorbeigekommen. Vielleicht haben Ihnen diese Kinder Freude gemacht: mit ihrem Gesang, mit ihrem farbenprächtigen Aufputz, mit ihrem Engagement für Projekte in der sogenannten Dritten Welt. Vielleicht haben Sie dafür in die Schatzkiste der Sternsinger Geld hineingegeben.

Bei den Sternsingern geht das Schenken noch einfach, man gibt ihnen Geld für Projekte, vielleicht noch Süßigkeiten für die Kinder selbst. Ansonsten scheint aber gerade zu Weihnachten manchen von uns das Schenken mühsam und aufwändig, denn „es haben doch ohnehin schon alle alles", der Stress in den Geschäften und danach noch die Umtauscherei … Hand aufs Herz: Viele von uns sind froh, wenn das alles wieder vorbei ist.

Dabei sind die Urgestalten der „Heiligen Drei Könige", die biblischen Weisen aus dem Morgenland, auch Menschen, die sozusagen „Weihnachtsgeschenke" machen, noch dazu das Teuerste vom Teuren: Gold und kostbare Spezereien. Na ja, sie sind ja wohl reich und können es sich leisten, sagen wir uns. Aber vielleicht gehen wir damit am Wesentlichen der Schriftstelle vorbei, wenn wir sie nur im Sinne des Konsumdenkens interpretieren: je teurer, desto besser.

Schauen wir uns einen Satz, eine Wendung im heutigen Schrifttext näher an! Da heißt es in der Übersetzung der Jerusalemer Bibel[3]: „Die Weisen öffneten ihre Schätze und brachten dem Kind Geschenke dar: Gold, Weihrauch und Myrrhe." (Mt 2, 11b)

---

[2] Die Sternsinger kommen in den Tagen vor dem Dreikönigstag (Epiphanie) in deutschsprachige Haushalte und sammeln singend Spenden für Projekte der Entwicklungszusammenarbeit.

[3] Die Jerusalemer Bibel ist eine Übersetzung mit ausführlichen Kommentaren.

Die Weisen öffneten ihre Schätze. Wozu braucht es diese Einleitung? Es könnte doch genauso gut die zweite Satzhälfte allein stehen: „Die Weisen brachten dem Kind Geschenke dar, Gold, Weihrauch und Myrrhe". Selbstverständlich müssen sie dazu vorher ihr Reisegepäck aufmachen … Aber vielleicht geht es hier um ein inneres Aufmachen und Sich-Aufmachen.

Die Weisen öffneten ihre Schätze. Mir fällt da als Gegenbild Dagobert Duck ein, er sitzt auf seinen Schätzen, muss immer zu Hause bleiben, um den Berg von Goldmünzen zu hüten, – im Gegensatz zu den Weisen, die sich auf den Weg machen und mit ihren Schätzen beweglich bleiben. Jener aber muss aufpassen, zusperren, dichtmachen. Er ist letztlich allein – sie sind eine Weggemeinschaft. Vielleicht sind wir Menschen der westlichen Welt der Figur des Dagobert Duck gar nicht so unähnlich, wenn wir nach Weihnachten froh sind, dass die Gemeinschaft unterm Christbaum, der Weg zu den Verwandten und das Aufmachen der Geldbörse vorbei ist und jeder wieder für sich lebt und seiner Routine nachgeht.

Die Weisen öffneten ihre Schätze. Sie verschenkten nicht etwas an Ihresgleichen, also an Menschen, die ohnehin schon alles hatten. Die Weihnachtsromantik lässt vergessen, wer die „heilige Familie" ist, auch heute: Obdachlose, Flüchtlinge, sozial Ausgegrenzte, Menschen ohne Einkommen und Aufenthaltsrecht, ohne medizinische Versorgung, Menschen am anderen Ende unserer Gesellschaft, am anderen Ende der Welt. Erinnern wir uns, dass ihnen, der „heiligen Familie" der Bibel, aber kein Almosen gegeben wird, sondern in überreichem Maß. Dass die Erste Welt sozusagen vor der Dritten Welt niederkniet und gibt, was gerecht ist und noch viel mehr …

Die Weisen öffneten ihre Schätze. Vielleicht gehen wir noch einen Schritt weiter, weg von einer materiellen Deutung. Auch Jesus war doch ein Mensch, der seine Schätze geöffnet hat, und er war keineswegs vermögend. Er war sehr viel unterwegs, auch in Gemeinschaften jeder Art, mit den verschiedensten Zeitgenossen, er gab aus seinem Schatz an Geschichten, aus seinem Schatz an heilender Berührung und aufrichtenden Worten, aus seinem Schatz an Gottvertrauen, aus seinem Mut, das Unkonventionelle zu wagen. Er hat von sich gegeben, ja er hat *sich* gegeben. Auch Jesus war ein Weiser, der seine Schätze geöffnet hat, Gold für die Ausgegrenzten, Weihrauch für die Sündigen, Myrrhe für die Leidtragenden.

Die Weisen öffneten ihre Schätze. Vergessen wir nicht, dass Weihnachten nicht zu Ende ist, dass Menschwerdung immer erst gerade begonnen hat. Öffnen auch wir unsere Schätze an Geld, an Zeit, an Zuwendung, geben wir reichlich, was wir haben und sind! Dann wird auch uns die Erfahrung der Sterndeuter zuteil, als sie am Ziel waren und den Stern und das Kind sahen: „Sie hatten eine überaus große Freude.“ (Mt 2,10)

Das Gleichnis von den mumifizierten Talenten[4]

Mt 25,14-30

Eines Tages, im beginnenden dritten Jahrtausend unserer Zeitrechnung, erzählte Jesus seiner Kirche ein Gleichnis:

Ein Mann ging auf Reisen und hinterließ seiner Kirche sein Vermögen. Einer Person gab er zehn Talente, der anderen fünf, der dritten eines, je nach ihren Fähigkeiten. Er hinterließ ihnen alles, was er hatte: seine frohe Botschaft, die Sakramente und Segenszeichen, ja sogar seinen unternehmerischen Geist, um das alles mutig und beherzt in die Welt hinauszutragen und zu investieren, damit es Frucht bringe, dreißigfach, sechzigfach und hundertfach. Auch sollte mit seinem Vermögen und in seinem Geist der glimmende Docht wieder angefacht und das geknickte Rohr wieder aufgerichtet werden.

Nach der Abreise wirtschafteten sie mit seinem Vermögen. Die ersten Jünger und Jüngerinnen, die ihn teils noch persönlich gekannt hatten, brachten reichen Ertrag: Zu den zehn Talenten kamen zehn weitere dazu. Auch in den nächsten Jahrhunderten mühten sich einige redlich und gewannen fünf neue Talente.

Zweitausend Jahre später aber war der unternehmerische Geist erlahmt oder kam, in den Käfig dogmatischer Floskeln gezwängt, fast zur ewigen Ruhe. So beschloss die Kirche, auf Nummer sicher zu gehen – womit sie schon seit Jahren gute Erfahrungen zu machen schien. Sie hob ein großes Loch aus und verbarg alles, was sie von ihrem Meister bekommen hatte.

---

[4] Leonardo Boff schrieb schon vor bald 40 Jahren, dass auch der moderne Mensch sakramental sei, doch: „Vielleicht ist er blind und taub geworden gegenüber einer bestimmten Art von Symbolen und sakramentalen Riten, die sich verhärtet haben und anachronistisch geworden sind. Die Schuld liegt dann auf seiten der Riten und nicht des modernen Menschen. In der Tat können wir nicht in Abrede stellen, *dass sich in der Welt der christlichen Sakramente ein Prozess ritueller Mumifizierung vollzogen hat.*“ (Hervorhebung: M.P.W.)

Leonardo Boff: Kleine Sakramentenlehre, S. 10f.

Zuunterst kamen große Schatullen, reich verziert und mit Edelsteinen besetzt, denn das Vermögen sollte keinen Schaden nehmen und nicht durch Motten und Würmer zerfressen werden. Darin bekam die Frohe Botschaft reichlich Platz, um würdig und unverändert bewahrt zu werden für kommende Generationen. Über die Bibeln und bebilderten Handschriften wurden nun die Sakramente aufgeschlichtet, deren sich die schlechte Menschheit kaum würdig erwiesen hatte. Während die Buße in ihrem Bestand schon sehr geschrumpft war – ebenso wie die Priesterweihe, die langsam vertrocknete –, gab es noch Diskussionen um die Ehe und die Taufe, die mehr nachgefragt wurden. Die heiligen Öle der Krankensalbung und Firmung wurden sicher verwahrt in fest zugeschraubten Fläschchen, damit ihr Duft nicht verloren ginge. Zuletzt grub man die Eucharistie ein, obwohl nicht sicher war, wie lange die Qualität des Weins tatsächlich zu erhalten wäre, von der des Brotes ganz zu schweigen.

Bevor man die Schatullen schloss, füllte man sie noch mit vielen Kleinigkeiten auf, wie Heiligenbildern, Weihwasserkesseln und Kindergebeten. Nichts sollte verlorengehen, bis der Herr einst wiederkäme.

Schon vor dem jüngsten Tag kam er aber ganz unerwartet zurück um zu sehen, was aus seinem Vermögen geworden war. Ein hoher Vertreter der Kirche zeigte ihm respektvoll das Grab der christlichen Tradition und sagte zu ihm: „Siehe, hier haben wir alles bewahrt und einbalsamiert, was du uns hinterlassen hast. Denn wir wussten, dass du streng bist in der Einhaltung der Vorschriften und unerbittlich in der moralischen Kontrolle. Wirf die Menschheit hinaus in die Finsternis, sie hat sich deiner nicht würdig erwiesen.“

Da wandte er sich ab von seiner Kirche des dritten Jahrtausends, erschüttert und verstört darüber, was sie aus seinem Vermögen gemacht hatte. Er brauchte seine Diener nicht zu strafen – was diese wohl befürchtet hatten –, denn die Logik der Entwicklung war klar: Das letzte Talent an Vertrauen und Glaubwürdigkeit, das die Kirche noch besessen hatte, war längst verlorengegangen. Und es herrschte Heulen und Zähneknirschen.

Jesus schloss seine drastische Erzählung und sagte zu seiner Kirche: „Noch ist es nicht ganz so weit. Wer Ohren hat zu hören, der höre!“

Das Leben aufhäufen – Vom Brot im Backofen und der Frucht im Mutterschoß

Die Hände meiner Mutter
frühmorgens
wenn sie das Leben aufhäuft
Lehmofen
Brot und Hoffnung

Die Hände meiner Mutter
erscheinen schon früh auf dem Hof ...
die das Leben lieben und es aufbauen
mit ihrer Arbeit
Das Holz brennt
Mehl und Lehm
das Alltägliche wird magisch
wird magisch

Die Hände meiner Mutter
sind für mich ein offener Himmel
und eine liebe Erinnerung ...

Die Hände meiner Mutter
frühmorgens
wenn sie das Leben aufhäuft
Lehmofen
Brot und Hoffnung[5]

Mercedes Sosa

---

[5] Auszug aus: Mercedes Sosa: Wie die Vögel in der Luft (Como pajaros en el aire).

Das Gleichnis vom Sauerteig – Vom Aufgehen und vom Rasten

Mt 13,33

Das kürzeste Gleichnis der Bibel ist nur einen einzigen Vers lang und kommt aus dem Arbeitsalltag einer Hausfrau. Sie knetet Sauerteig in frisches Mehl, und der Teig geht auf. So einfach ist das. Oder doch nicht? Nicht jeder kann gutes Brot backen. Jene von Ihnen, die schon gebacken haben, kennen die Erfahrung, dass etwas schiefgeht, zum Beispiel dass ein Kuchen „sitzen bleibt" – meine Kinder nennen das Ergebnis dann „Brettlkuchen" ...

Auch nicht jede Bäckerei kann ein hochwertiges Brot backen. Die Verwendung des Sauerteiges ist selten geworden, denn der braucht Zeit. Und die ist kostbar. Fertige industrielle Backmischungen von minderer Mehlqualität werden mit chemischen Backhilfsmitteln zu einem Brot, das oft schon am zweiten Tag bröselig ist und weggeworfen wird.

In unserer Familie mögen wir ein bestimmtes Brot aus einer bestimmten Bäckerei. Wann immer möglich, essen wir dieses Brot. Es ist ein Bauernbrot vom Laib, am zweiten und dritten Tag noch saftig, und auch nach einer Woche schmeckt es noch gut. Ein Geheimnis dieses Brots ist der Sauerteig. Der macht es schmackhaft und lang genießbar.

Der Sauerteig steht bei Jesus für das Reich Gottes. Nur in Gleichnissen – vorwiegend aus dem Alltagsleben seiner ZuhörerInnen – kann Jesus begreiflich machen, wie Gott unter uns wirkt, im Verborgenen und doch ganz elementar.

Der Sauerteig steht für mich für Kontinuität und Tradition. Es ist über die Wochen, Jahre und Jahrzehnte eigentlich derselbe Teig, dasselbe Brot – und doch immer frisch gemacht. Vom letzten Mal Backen wird etwas Teig aufgehoben, und dieser Sauerteig gibt dem neuen Brot Geschmack, ja lässt es erst aufgehen und gelingen.

Besonders in der katholischen Kirche wird die Tradition hochgehalten, aber sie darf nicht nur bewahrt werden, bis sie sozusagen verschimmelt, sie muss wieder eingearbeitet werden in Neues, eingeknetet in einen frischen Teig, in das Brot von heute. In Afrika gibt es ein Sprichwort: „Tradition ist das Hüten des Feuers, nicht das Anbeten der Asche.“

Wir Christen und Christinnen hüten das Feuer des Evangeliums. Wir sind darum besorgt, dass das Licht Christi in der Welt nicht ausgeht, so wie das ewige Licht beim Tabernakel. Als Kirche müssen wir dafür sorgen, dass auch sein Brot nicht ausgeht, sondern dass auch heute noch viele davon satt werden. In der Tradition der Kirche zu stehen, heißt, den Sauerteig des Evangeliums beständig und immer neu in unsere heutige Zeit hineinzukneten, sodass die Frohe Botschaft täglich verständlich, genießbar und nahrhaft wird.

Der Sauerteig steht für lebendige Tradition – so wie wir im Hochgebet bitten: „Lass uns die Zeichen der Zeit verstehen und in der Treue zu deinem Evangelium wachsen!“

Ein zweiter Gedanke noch. Nicht nur Jesus, auch unsere Sprache spricht in Bildern, in Gleichnissen, wenn davon die Rede ist, wie der Sauerteig erst zur Wirkung kommen kann: Der Teig muss rasten. Nun, der Teig strengt sich nicht an, wird nicht müde, aber er muss trotzdem rasten. Man stellt die Schüssel zugedeckt an einen warmen Ort, und während der Teig rastet, geschieht unbemerkt ein gigantischer Umwandlungsprozess, bis in jedes Molekül hinein. „Das Wesentliche ist für die Augen unsichtbar“, sagt der Dichter – ja, und erst hinterher merken wir, was sich ereignet hat: Der Teig ist aufgegangen, doppelt so groß geworden, das Brot kann gelingen.

Auch wir brauchen wohl die Zeit zum Rasten, damit das Reich Gottes in uns wirken kann, in jedem und jeder von uns, und mitten unter uns als Gemeinde.

Die Ferien haben begonnen, der Urlaub steht bevor oder zumindest eine ruhigere Zeit in der Arbeit – eine Gelegenheit zurückzuschalten, zur Ruhe zu kommen, still zu werden, zu meditieren, zu beten; eine Gelegenheit, auszuschlafen und auf die Träume aufmerksam zu sein; dem Sonnenuntergang zuzuschauen – oder dem Sonnenaufgang; eine Gelegenheit, auf die Energie und göttliche Kraft zu horchen, die leise und verborgen alles ins uns umwandelt, damit dann später wieder Neues gelingen kann. Gönnen wir uns das Rasten als eine geistliche Übung, und schauen wir nicht – wie eine ungeduldige Hausfrau beim Teig – unentwegt nach, „ob sich eh' was tut".

Lernen wir wieder das Vertrauen in Gott, von dem das Gleichnis spricht als „eine Frau, die unter einen großen Trog Mehl Sauerteig mischte, bis das Ganze durchsäuert war." Gott, die Mutter der Menschheit, knetet uns Christinnen und Christen mit kräftigen Armen hinein in diese Welt. Mit uns häuft sie das Leben auf – wie Mercedes Sosa singt –, Brot und Hoffnung.

Im Backofen Gottes

Mal 3,19-20a

Lk 21,5-19

Zum Ende des Kirchenjahres stehen in der Leseordnung[6] Texte zur Endzeit, zum Ende der Welt. Wir hören sie wohl mit einem gewissen Unbehagen, diese düsteren Worte. Sind es Vorhersagen? Sind es gar Drohungen? Lukas spricht von verschiedenen Anzeichen der Endzeit: von Kriegen, Unruhen, Naturkatastrophen, aber auch von der Verfolgung der Frommen. Da wird dann sozusagen die Spreu vom Weizen getrennt, wie es ja auch Johannes der Täufer in seiner Bußpredigt ankündigt. Und wir, gehören wir dann zur Spreu oder zum Weizen? So fragen wir uns vielleicht mit Beklemmung. Wie wird es uns gehen, dann, wenn es so weit ist?

Bei Maleachi heißt es: „Denn seht, der Tag kommt, er brennt wie ein Ofen: Da werden alle Überheblichen und Frevler zur Spreu, und der Tag, der kommt, wird sie verbrennen." So spricht Gott Zebaoth, der Herr der Heerscharen.

Der Text jagt mir erst einmal kalte Schauer über den Rücken. Ist nicht dieses literarische Bild von Bildern aus der Wirklichkeit längst überholt: brennende Menschen, mit Napalm übergossen, die Opfer von Krieg und Terror oder die rauchenden Öfen in den Vernichtungslagern?

Was machen wir mit dieser Schriftstelle? Sie ignorieren, nicht ernst nehmen? Sollen wir annehmen – wie viele meinen –, dass das Alte Testament halt ein grausames Buch ist, sein Gott ein grausamer Gott? Aber auch Jesus hat ja zur Endzeit nur düstere Aussichten zu bieten.

In der Lesung spricht der Prophet Maleachi – sein Name bedeutet: „mein Bote". Er ist der letzte in der Reihe der sogenannten Kleinen Propheten und erzählt von

---

[6] Die Leseordnung, unterschiedlich in der katholischen und protestantischen Liturgie, meint eine Auswahl biblischer Texte, die während eines oder mehrerer Jahre im Gottesdienst vorgetragen werden.

der Liebe Gottes zu seinem Volk, malt aber auch Szenarien der Endzeit aus. Der Schluss seines Buches weist auf den Messias hin und auf Elija als dessen Vorboten. Vermutlich steht Maleachi deswegen in der Bibel ganz am Schluss des Alten (oder Ersten) Testamentes[7] – wenn man nur eine Seite umblättert, ist man schon bei den Evangelien. Vielleicht ist diese Schlussposition auch der Grund, warum dieser Text am Ende des Lesejahres zu hören ist, ganz kurz vor dem Beginn der Adventzeit.

Aber zurück zur Herausforderung für uns Menschen des 21. Jahrhunderts. Es geht schlecht aus für alle Überheblichen und Frevler, heißt es da. Es wird nichts von ihnen bleiben, weder Wurzel noch Zweig. Wie Stroh im Ofen auflodert und verlischt, so wenig dauerhaft ist die Existenz der Gottlosen.

Ich denke, es war tröstlich für ein unterdrücktes Volk zu hören, dass das Unrecht einmal ein Ende haben und dann die Gerechtigkeit aufstrahlen wird wie ein klärendes Licht, wie eine wärmende Sonne über allen Benachteiligten. Ich kann diese Sehnsucht gut nachvollziehen. Auch ich sehne mich oft nach Gerechtigkeit, dass alles Unmenschliche einmal zu Ende geht: der ungehemmte Kapitalismus, die Ausbeutung der Armen, die Diskriminierung von Frauen (auch in der Kirche), von Homosexuellen, MigrantInnen und Asylsuchenden, von Roma mitten in der Europäischen Union; dass Schluss ist auch mit der Ausbeutung von Mutter Erde.

Ich denke, dass wir die Botschaft von Prophetinnen und Propheten und schließlich auch die Botschaft Jesu vom anbrechenden Reich Gottes nur richtig verstehen können aus der Sehnsucht heraus und nicht aus der Sattheit, nur aus der Wut über ungerechte Zustände heraus und nicht aus der Bequemlichkeit, nur aus dem Engagement heraus und nicht aus der Gleichgültigkeit.

So heißt es zum Beispiel auch im Psalm 37: „Eine Weile noch, und der Frevler ist nicht mehr da. Schaust du nach seiner Wohnung, sie ist nicht mehr zu finden. Doch die Armen werden das Land bekommen, sie werden Glück in Fülle genießen.“ (Verse 10-11)

---

[7] Diese Reihung entspricht der Abfolge der biblischen Bücher in katholischen Bibelausgaben.

Die Gottlosen sind nicht mehr da, ihre Wohnung ist nicht mehr zu finden. Vielleicht ist also das Bild vom Verbrennen entbehrlich. Dennoch möchte ich noch dabei bleiben und mich tiefer auf diese prophetische Sprache einlassen. „Seht“, fordert uns Maleachi zu Beginn auf, und ich versuche, mit ihm zu schauen, was er mir zeigt.

Vielleicht verbrennt Gott nicht jemanden, sondern etwas? Vielleicht sollen da gar nicht Menschen verbrannt werden, sondern vielmehr etwas in ihnen, nämlich das, was in ihrer Persönlichkeit „nur Stroh“ ist: die rasche Begeisterung, die ebenso rasch wieder erlischt, das schnelle Urteil über die Fehler anderer, die Oberflächlichkeit in Beziehungen. So soll auch in unseren Gemeinschaften verbrannt werden, was nur Spreu ist: ein leeres, folgenloses Beten; ein Feiern in liturgischen Floskeln ohne Konsequenzen für den Alltag; ein Blindsein für himmelschreiende Zustände in Politik und Wirtschaft; ein Schweigen, wo wir aufschreien müssten.

Der Ofen könnte ein Backofen sein, so wie es sie früher auf dem Land gegeben hat. Bevor gebacken wird, muss erst ordentlich aufgeheizt werden. Erst dann kann der Teig, zu Broten geformt, gebacken werden. Nur auf diesem Weg wird unser Glaube, unser Leben, immer wieder für uns selbst und andere zur Nahrung.

Mit Maleachi sehe ich, dass das göttliche Feuer in mir selber und in uns als Gemeinschaft der Kirche alles verbrennt, was nur Stroh ist. Und es muss viel verbrannt werden, damit die Temperatur hoch genug ist. Dann wird die Asche ausgeräumt und das Brot im Ofen gebacken, Gottes Leib in meinem Leib, Gottes Leib im Leib der Kirche. Ich sehe, dass wir das Brot Gottes in uns austragen und ausbacken wie in einer Schwangerschaft; dass wir glühen im Prozess dieser Verwandlung und schon den Duft des werdenden Brotes atmen; und dass dann freudig geteilt und niemand mehr ausgeschlossen wird, und alle satt werden, die ganze Menschheit.

Neben dem Ofen gibt es noch ein zweites Bild bei Maleachi: die Sonne der Gerechtigkeit, die aufgeht und unter ihren Flügeln wärmt.

Vor allem diejenigen, die zuvor in der Finsternis waren, werden das Licht schauen, wie Zacharias über den kommenden Messias prophetisch redet: „Durch die barmherzige Liebe unseres Gottes wird uns besuchen das aufstrahlende Licht aus der Höhe, um allen zu leuchten, die in Finsternis sitzen und im Schatten des Todes." (Lk 1, 78-79)

Wer sitzt heute in unserer Welt, in unserer Gesellschaft, in Finsternis und im Schatten des Todes? Das ruft uns als Kirche in Erinnerung, dass wir nicht nur für uns selber da sind, sondern, wie schon damals, als prophetische Menschen Gerechtigkeit einklagen und herstellen sollen, gerade für die in Finsternis und im Todesschatten.

Mit Maleachi sehe ich, dass dann, in der Endzeit, wenn alles Stroh verbrannt ist, für immer die Sonne aufgeht über der verwundeten Erde, wie nach einem langen harten Winter. Dass die Sonne der Gerechtigkeit aufstrahlt über allen, die bisher im Schatten waren, eine Sonne, die Heil und Heilung unter den Flügeln hat, eine Sonne mit der Wärme einer brütenden Henne, sodass sich die ganze Menschheit, die ganze Schöpfung, in ihr bergen und wärmen und schützen kann.

Mit Maleachi kann ich hoffen, dass auch, was in meinem Leben bisher im Schatten war, jetzt angestrahlt und ausgebrütet wird und dass dann langsam alles ausreift, was in meinem Inneren noch angelegt ist und wachsen möchte.

„Denn seht, der Tag kommt, er brennt wie ein Ofen. Weder Wurzel noch Zweig wird bleiben." Nach der Vernichtung der Spreu wird ein gutes Brot gebacken und an alle ausgeteilt werden. Und es wird die Sonne der Gerechtigkeit aufgehen für alle, die jetzt noch im Schatten sind, „und ihre Flügel bringen Heilung."

Eine Seligpreisung für Brust und Schoß?

Gen 49, 25

Lk 11,27-28

Gibt es eigene Seligpreisungen für Frauen? So könnte man sich fragen, wenn man zu den bekannten Seligpreisungen die zwei kleinen, einzeln stehenden Verse hinzunimmt, die uns nur Lukas überliefert hat: „Selig, der Leib, der dich getragen und die Brust, die dich genährt hat“ und die Antwort Jesu darauf: „Vielmehr selig, die das Wort Gottes hören und bewahren.“

Selig, der Leib, der dich getragen und die Brust, die dich genährt hat – zuerst denkt man da wohl an einen Lobpreis Mariens. Aber ich möchte nicht bei dieser Deutung allein bleiben, sondern mit Ihnen tiefer über den Vers und die Antwort Jesu darauf nachdenken.

Selig, der Leib, der dich getragen und die Brust, die dich genährt hat – so sagt, als er öffentlich predigt, eine Frau aus dem Volk zu Jesus. Eine Seligpreisung aus dem Mund einer Frau. Was bedeutet dieser Satz wohl? Vielleicht drückt die Frau einen typischen Frauenwunsch, einen typischen Mutterwunsch aus. Den Frauen wird ja nachgesagt, dass sie sich gern in der Größe anderer spiegeln – in der Größe ihres Mannes, in der Größe ihres Sohnes. Menschlich verständlich ist also der Wunsch, selber auch einen so tollen Sohn wie Jesus großgezogen zu haben. Es ist ein Wunsch, bei dem eine Mutter in der Erinnerung schwelgen kann: Damals schon war es ganz besonders, als ich mit ihm schwanger ging; und damals, als ich ihn gestillt habe … Jetzt ist er erwachsen, und ich bin mit Recht stolz auf ihn …

Man kann sich gut vorstellen, wie Jesus als Mann um die Dreißig darauf reagiert: Er distanziert sich von solch überquellenden Muttergefühlen. Jesus weist auf das für ihn Wesentliche hin, auf sein eigenes Programm, wenn er entgegnet: „Selig sind vielmehr, die das Wort Gottes hören und bewahren!“ Jesus würde sich also nicht von Mutterschaft an sich distanzieren, sondern nur von seiner konkreten Mutter, ähnlich wie auch bei der Hochzeit zu Kana. Denn er hat wohl eine andere Idee von Familie vor Augen und muss für seine Mission die Bindung an seine Herkunft lockern.

Die Ablösung des erwachsenen Sohnes – das wäre eine einfache psychologische Erklärung der Szene. Aber geht es nicht um mehr? Das, was die Frau aus dem Volk selig preist – Schoß und Brüste einer Mutter – das ist anscheinend für Jesus nicht oder nicht allein selig machend. Viel mehr als das Leibliche scheint es nämlich das Wort, also das Geistige zu sein, das selig macht. Wir kennen solche Deutungen. Die Frau wird erst selig, indem sie von ihrer Leiblichkeit absieht, ja ihre Leiblichkeit überwindet. Aber ist uns Frauen damit wirklich gedient?

Eine übliche Deutung zielt auf Maria, die Mutter Jesu. Vielleicht kennt diese Frau aus dem Volk, die da ihre Stimme erhebt, Maria. Sie hat Respekt vor ihr. Scheinbar wird dann die Leibfeindlichkeit aufgehoben, wenn es um Maria geht. Denn Maria hat zwar mit ihrem Leib, ihrer Bereitschaft zur Schwangerschaft und zur Sorge für dieses Kind, erst das Kommen des Messias ermöglicht. Allerdings hat sie wohl nicht nur den Leib ihres Sohnes genährt, sondern auch seinen Geist, seine Seele, seinen Glauben.

Maria gilt als die Besondere, gerade weil sie ihren Leib und ihr Leben dem Plan Gottes anvertraut hat. Die Leibfeindlichkeit scheint so überwunden, aber Frauen werden gleichzeitig auf ihre Körperlichkeit reduziert. Denn von ihnen erwartet man(n) bis heute nicht nur, dass sie ihr Leben Gott anvertrauen, sondern man(n) sieht ihre jeweilige Berufung als an den Leib gebunden. Ob im leiblichen Verzicht als Ordensfrau oder in der leiblichen Erfüllung als Ehefrau und Mutter: Darin sollen Frauen ihre Seligkeit suchen und finden. Das ist zwar nicht die Sprache Jesu, wohl aber die Sprache vieler kirchlicher Frauendokumente bis heute. Da geht es nämlich häufig nicht um Frauen als Personen, ihre unterschiedlichen Situationen, Probleme und Berufungen, sondern eher um das, was man(n) für das Wesen der Frau hält.

Diese Sprache kennen wir auch aus der politischen Diskussion, wenn man(n) sich Gedanken macht über den Geburtenrückgang und die mangelnde Gebärfreudigkeit „der Frauen“.

Kehren wir zum biblischen Text zurück, zu einer befreienden Sprache und einer Deutung, die die Leiblichkeit der Frau würdigt, ohne Frauen darauf festzulegen. Kehren wir zurück zur Frage, warum Jesus der Seligkeit von Brüsten und Bauch noch eine andere zur Seite stellt.

Es ist nicht deshalb, weil es die Seligkeit des Leibes nicht gibt oder geben sollte. Es gibt sie, als ein besonderes Glück, oft auch sexuell gefärbt, das im Muttersein erfahren werden kann: in Schwangerschaft, Geburt und Stillzeit. Die Seligkeit steckt auch in Muttersorgen und Mutterfreuden, im Ringen ums Loslassen und im Stolz, wenn das eigene Kind nun erwachsen vor der Welt steht und sich bewährt.

Die Seligkeit von Brust und Schoß ist *eine*, nicht zu verachten und nicht absolut zu setzen. Vor allem ist sie eine, die auch vorübergeht, und die, gewollt oder ungewollt, von vielen Frauen nicht am eigenen Leib erfahren wird und schon gar nicht das Maß für das Frausein abgibt.

Eine andere Seligkeit steht uns zu jeder Zeit und in allen Lebenslagen offen, Männern wie Frauen, und das will wohl Jesus denen, die damals und heute zuhören, ans Herz legen. Es geht nicht um ein besonderes Erwähltsein, um eine exklusive Beziehung zum Messias sozusagen, worum man Maria beneiden müsste. Vielmehr geht es um das Wort Gottes, das es zu bewahren und zu hüten gilt.

Eine Alltagserfahrung aus dem Frauenleben macht gleichnishaft deutlich, was entscheidend ist: Das Wort Gottes wie den Samen in uns aufzunehmen und wachsen zu lassen wie einen Embryo im Leib, zu nähren aus unserem Fleisch und Blut, es unter Wehen zu gebären, zu hüten wie einen Augenstern, es lange zu begleiten, und wenn die Zeit reif ist, es loszulassen in die Welt wie ein erwachsen gewordenes Kind. Dann können wir vielleicht stolz zuschauen, wie das Wort seinen Weg geht. Das macht selig und das ist entscheidend.

Auch im Prolog des Johannesevangeliums ist die Rede vom Wort, das bei Gott war und in die Welt kam. Vielleicht brauchen wir das gar nicht hoch philosophisch zu verstehen. Das Wort Gottes ist angewiesen darauf, Menschen zu finden, die es aufnehmen, ausbrüten, nähren und zur Welt bringen. Oft ergreift aber die Finsternis das Licht nicht, oft verweigern wir uns dieser Begegnung und dieser Empfängnis des Wortes. „Allen aber, die es aufnahmen, gab er die Macht, Kinder Gottes zu werden." (Joh 1,12)

Gibt es eigene Seligpreisungen für Frauen? Das war meine Frage zu Beginn. Ich glaube nicht. Was es aber zweifellos gibt, ist eine spezifische Aufmerksamkeit von Frauen, einen solchen Text zu hören und mit sich herumzutragen, bis er seine Frohe Botschaft preisgibt.

Dass der kleine Dialog über die Seligpreisung von Brust und Schoß in zwei Versen ins Evangelium aufgenommen worden ist, zeugt wohl von einer wichtigen Auseinandersetzung in den Urgemeinden zur Frage: „Was ist die Aufgabe der Frauen im Reich Gottes, in den Gemeinden, in erster Linie die Mutterschaft?" Das passt für viele Jüngerinnen nicht, selbst nicht für Maria, die sich nach biblischem Zeugnis nach dem Tod Jesu den Aposteln angeschlossen und mit ihnen die Geistsendung empfangen hat. Viele Frauen um Jesus haben familiäre Bindungen gelockert, sie haben das Wort Gottes aufgenommen und sind Jesus nachgefolgt. Frauen haben auch ihre Stimme erhoben in der Gemeinde, wie jene Frau aus dem Volk, die sich öffentlich zu Wort meldet und Jesus anspricht. Weil sie das Wort ergreift, ist Jesus herausgefordert Stellung zu nehmen, ihr Ant-Wort zu geben, seine Haltung zu finden; eine Haltung, die auch heute für Frauen eine frohe Botschaft bereithält: Nichts gegen die Seligkeit von Brust und Bauch, nichts gegen Mutterschaft und familiäre Bindungen – und dennoch: Das Leben einer Frau entscheidet sich letztlich nicht daran. Wir alle sind auch noch zu anderem berufen.

Die Hebammen Pua und Schifra – Vom heiligen Ungehorsam der Frauen

Ex 1,15-22

Das Wort Gehorsam ist zwar heute nicht mehr modern, ist aber in der Kirche nach wie vor ein zentraler Begriff. Nicht nur Ordensleute geloben den Gehorsam als einen der drei evangelischen Räte, auch für die meisten Christinnen und Christen ist der Gehorsam wichtig – vielleicht nicht mehr unbedingt als Einhaltung kirchlicher Gebote, jedenfalls aber als Horchen auf die Stimme des eigenen Gewissens. Aber wie weiß ich, ob mein Gewissen nicht irrt? Und was ist für Christinnen und Christen tatsächlich der Wille Gottes?

Zwei Frauen können uns darauf Antwort geben, die Hebammen Pua und Schifra.

Die Schriftstelle aus dem Buch Exodus schildert eine ausweglose Lage: Aus der Sicht des Pharao ist das Volk der HebräerInnen zu groß geworden. Man braucht zwar sozusagen die „Gastarbeiter“, hat aber Angst vor der Überfremdung – ein Thema, das uns wohl auch heute geläufig ist.

Die Angst des Pharao hat noch eine weitere Facette: Im Falle einer kriegerischen Auseinandersetzung könnten die Hebräer zu den Feinden überlaufen, außerdem könnten sie der Fremdherrschaft entfliehen – eine durchaus berechtigte Sorge eines Despoten. Eine Generation später wird es tatsächlich soweit sein, und dem Volk Israel wird die Flucht durch das Schilfmeer gelingen.

Der Pharao ist Realist. Es gilt, den Geburtenzuwachs einzudämmen. Er versucht es mit Verschärfung der Zwangsarbeit, aber das hilft nichts. Er muss zu direkten Maßnahmen greifen und befiehlt den beiden Hebammen Schifra und Pua, jedes männliche Neugeborene zu töten. Die Mädchen könnten sie jedoch am Leben lassen.

Es ist eine Ironie des Schicksals, die oft Mächtigen widerfährt: Sie sind zwar Realisten, aber gleichzeitig blind, woher die Gefahr wirklich kommt. Der Pharao unterschätzt die Frauen. Im Sinn des üblichen Klischees hält er sie für ängstlicher, daher auf jeden Fall gehorsam. Er betrachtet sie als harmlos, weil unfähig eine Waffe zu gebrauchen. Die Waffen dieser Frauen sind aber ganz andere. In auswegloser Lage bieten Pua und Schifra ihre ganze Intelligenz, Schlauheit und ihr psychologisches Geschick auf. Und der Pharao fällt sofort auf ihren Trick herein und frisst die rassistische Bemerkung, die sie ihm auftischen: Die Hebräerinnen seien halt beim Gebären nicht wie die zivilisierten Ägypterinnen, sondern noch urwüchsig, eher wie die Tiere, bei denen es schnell gehe …

Der Pharao hält die hebräischen Frauen für unterlegen: Er rechnet nicht mit Frauen und Mädchen wie der Mutter des Mose und seiner älteren Schwester Miriam. Auch ihr Plan wird Leben retten. Die Mutter fertigt ein schwimmendes Körbchen und Miriam behält den Kleinen am Fluss im Auge und bietet geschickt der Ägypterin eine Amme für das Kind an.

Der Pharao unterschätzt sogar die Frauen im eigenen Haus – denn es ist seine eigene Tochter, die Mitleid hat mit dem zum Sterben verurteilten Kind – und so fischt sie den fremdländischen Bastard aus dem Wasser und zieht ihn liebevoll am Königshof auf. Mose, der später die Revolte gegen den Pharao anführen wird, wächst in seinem Haus auf.

Mit den Hebammen Pua und Schifra beginnt also ein radikaler Ungehorsam gegen den Pharao als Gottkönig. Oder sind die beiden gehorsam, nur einem anderen Gott, wie der Schrifttext es nahelegt? Aus der Distanz der unbetroffenen Hörerinnen und Hörer der Geschichte lässt sich das leicht und oberflächlich beurteilen, wie zum Beispiel folgendermaßen: Der eine ist eben ein Gott des Lebens, der andere einer des Todes. Doch abgesehen davon, dass die beiden Frauen die eigene Hinrichtung riskieren, wenn ihr Trick nicht aufgeht oder sie verraten werden – auf welche Seite gehören sie denn eigentlich, die „Hebammen der Hebräerinnen" – wie es wörtlich im Text heißt? Das lässt auch die Möglichkeit offen, dass sie Ägypterinnen sein könnten.

Haben sie dann Loyalitätskonflikte? Ist für ihr Handeln ihr Berufsethos maßgeblich, oder ist ihr Frausein ausschlaggebend, sozusagen ihr „Mutterinstinkt“? Haben sie als Ägypterinnen vielleicht selber Angst, kulturell, religiös und politisch unter die Räder zu kommen, wenn sich das fremde Volk so unglaublich vermehrt und ausbreitet? Spürt eine von ihnen vielleicht, wenn sie selbst kinderlos ist, auch Neid und Eifersucht auf jene Hebräerin, der sie gerade helfen muss, ein weiteres Kind zur Welt zu bringen?

Wir wissen es nicht, und der Gehorsam beantwortet all diese Fragen nicht, wenn man sich wirklich in die Lage der beiden Hebammen hineinversetzt.

Wie kann man denn ethisch handeln in solch dramatischen Konflikten, die unlösbar scheinen?

Die evangelische Theologin Dorothee Sölle hat in ihrem Büchlein „Fantasie und Gehorsam“[8] dem Gehorsam einen Gegenpol hinzugesellt, die Fantasie.

Dort wo menschlich alles unausweichlich ist, ist die Fantasie unerschöpflich im Erfinden neuer Wege – und rettet uns. Denn da gibt es keinen Gott, der wüsste, wie es geht, der aufgrund allgemein und immerwährend gültiger Regeln unseren Gehorsam einfordern könnte, sondern da gibt es – wie bei den beiden Frauen – unvorhersehbar eine reale Situation im Leben, die zum Handeln zwingt – und auch Nicht-Handeln hat Konsequenzen.

Die Antwort des Menschen ist seine oder ihre Entscheidung: im Jetzt, mit Folgen für die Zukunft, mit unkalkulierbarem Risiko. Nicht Gott fordert Gehorsam, sondern die Situation fordert meine Antwort, und darin fordert Gott mich.

Die Kraft, die Menschen brauchen, um die Welt zu verändern, schreibt Dorothee Sölle, ist nicht der Gehorsam, sondern die Fantasie, die Spontaneität. Auch Jesus reiht Sölle hier ein, als einen Erfinder bisher undenkbarer Lösungen.

---

[8] Dorothee Sölle: Phantasie und Gehorsam, S. 32 ff.

Menschen verändern, erfinden, setzen in Bewegung. Diese verändernde Fantasie stiftet zu neuer Freiheit an. Menschen, die in diesem Kreislauf aufwachsen, werden nicht in erster Linie dazu erzogen, sich in die Ordnung einzufügen, sondern die Freiheit zu lernen.

Pua und Schifra haben die Freiheit gelernt. Sie haben damit menschliches Leben gerettet und eine Ermutigung gestiftet. So sind sie auch für uns Anfängerinnen der Freiheit, denn der Anfang – initium – hat immer etwas mit Initiative zu tun. Der Pharao ist jedoch mit seiner Macht bald am Ende, wie auch König Herodes, der sich ebenfalls nur mehr mit Morden zu helfen weiß. Beide leben sie in den Kategorien von „Heiliger Ordnung“ (=Hierarchie) und Gehorsam, und in deren Namen werden Menschen hingeschlachtet bis heute, auch Kinder.

Gedenken wir ihrer und bitten wir um die Kraft des Widerstands, den Geist der Fantasie!

„Ich bin die Geliebte, in deren Schatten alle Toten der Welt verborgen sind“

Impulse aus der Apokalyptik[9] zum Fest Mariä Himmelfahrt

Offb 11,19a; 12, 1-6a.10ab

Lk 1, 39-56

Mariä Himmelfahrt – das Hochfest der mit Leib und Seele in den Himmel aufgenommenen Gottesmutter – lässt mich immer wieder ratlos zurück. Da ist ein Dogma, das in der Bibel keine echte Grundlage hat und eine mythologische Vorstellung, die mir reichlich fremd ist: Die Dreifaltigkeit da oben im Himmel zieht Maria sozusagen hinauf, mitsamt ihrem Leib. Vielleicht wird ihr dann auch noch eine Krone aufgesetzt, wie es manche Altarbilder zeigen, und das unter dem Jubel der Engel – so heißt es in einem Lobgebet.

Das Festtagsevangelium, der Besuch Marias bei Elisabeth, klingt für mich gar nicht nach Himmelfahrt. Die Begegnung der beiden schwangeren Frauen hat etwas sehr Irdisches und Bodenständiges. Auch der Lobgesang des Magnifikat enthält eine weltliche, gesellschaftspolitische Hoffnung: Gott macht satt die Hungernden. Er stürzt die Machthaber vom Thron.

Im Lesungstext jedoch ist die Frau schon im Himmel, mit Sternen bekränzt, den Mond zu ihren Füßen. Dennoch erscheint sie nicht erlöst und abgeklärt, denn hochschwanger schreit sie in Geburtswehen, ein Ungeheuer bedroht sie und ihr Kind, das dann gerettet wird. Auch sie selbst findet Zuflucht in der Wüste – also doch wieder auf der Erde. Und vor diesem dramatischen Szenario steht ein einzelner Vers: „Der Tempel Gottes im Himmel wurde geöffnet, und in seinem Tempel wurde die Lade seines Bundes sichtbar.“ (Offb. 11,19a)

Die Bundeslade war ein bewegliches Heiligtum der Israeliten, eine tragbare große Holzschatulle mit Deckel, die während der Wüstenwanderung im sogenannten Begegnungszelt aufbewahrt wurde, später als „Allerheiligstes“ im

[9] Apokalyptik leitet sich ab von Apokalypse, der „geheimen Offenbarung“ des Johannes. Dieser und andere biblische Texte beschäftigen sich mit noch unsichtbaren Dingen, die am Ende der Geschichte geschehen werden.

Tempel, zu dem nur der Hohepriester einmal jährlich Zugang hatte. Irgendwann ging die Bundeslade verloren. Der Tora-Schrein in der Synagoge, aber auch der Tabernakel in der katholischen Kirche knüpfen in gewisser Weise an die Symbolik der Bundeslade an.

Ein anderes „bewegliches Heiligtum" ist der Schoß der Frau, besonders derjenigen Frau, die den Messias geboren hat – darum der genannte Vers in der Tageslesung. Dass nicht nur der Tabernakel, sondern auch der weibliche Schoß ein Allerheiligstes ist, Ort von Gottes Präsenz und Schöpfungskraft, ist die eine wichtige Botschaft aus dem Mariendogma des heutigen Festes. Denn von den frühen Kirchenvätern bis zum Hexenhammer wurden der Schoß der Frau und ihre Lust als Eingangspforte des Teufels verächtlich gemacht, mit verheerenden Folgen. Auch heute noch gibt es, besonders in der römisch-katholischen Kirche, diffuse Ängste vor einer menstruierenden oder schwangeren Frau im Altarraum. Wenn die Leiblichkeit und der Schoß von Maria aber heilig sind, hat das Auswirkungen auf alle Frauen: auf ihren Wert, ihre Würde, ihre körperliche Integrität.

Der Priesterdichter Ernesto Cardenal schreibt in seinem „Gebet für Marilyn Monroe", die einmal träumte, sie stehe nackt in einer Kirche:

„Kirche – Haus – Höhle, das bedeutet Sicherheit
des mütterlichen Schoßes, aber doch auch mehr als das
…

Der Tempel ist keins der Studios der 20th Century-Fox
Der Tempel – Heiligtum aus Marmor und Gold – ist der Tempel ihres Körpers,
und dort steht der Menschensohn mit einer Peitsche in der Hand
und treibt sie aus, die Händler der 20th Century-Fox,
die dein Bethaus zu einer Räuberhöhle machten."[10]

Ein zweiter Gedanke noch zum Schrifttext aus der Offenbarung: Der allerheiligste Raum in der Frau ist auch der Ort von Schmerzen, Verwandlung

[10] Ernesto Cardenal: Gebet für Marilyn Monroe, S. 81.

und Geburt. „Dann erschien ein großes Zeichen am Himmel, eine Frau … Sie war schwanger und schrie in Geburtswehen.“

Wir kennen ein ähnliches Bild aus dem Römerbrief (Röm 8,18-25). Dort liegt die ganze Schöpfung in Geburtswehen und stöhnt vor Schmerzen. Das Leiden, das Menschen in ihrer Leiblichkeit erfahren, ist nicht umsonst, auch nicht das Leiden der ausgebeuteten Erde, so Paulus. Er macht uns Hoffnung, dass das alles zu einem Geburtsprozess gehört, der uns geschieht, an dem wir aber auch aktiv mitarbeiten müssen wie eine gebärende Frau. Nicht jenseits von ihrer Leiblichkeit erlebt sie dann das Neue, den Himmel sozusagen, sondern durch ihre Schmerzen hindurch ist sie schließlich – wie Maria – im Reich Gottes angekommen, müde, erschöpft und glücklich wie eine Mutter, die angesichts der Freude über das Kind alle erlittenen Schmerzen vergisst. (Joh 16,20-21).

In den apokalyptischen Texten mit ihren Gebärmotiven steht die Frau aber auch für die Erde und deren Mutterschoß. „Im Inneren der Erde liegt ein Geheimnis, denn aus ihr kommt alles Grün, aus ihr kommt das Leben, immer wieder, jedes Jahr neu. Das Erdinnere birgt eine Umwandlungskraft. … Der Tod und das Leben sind mit dem Leib der Erde verknüpft. In einem Midrasch[11] zu Psalm 1 spricht die Erde von sich:“[12]

„Ich bin die Geliebte,
in deren Schatten alle Toten
der Welt verborgen sind.
Und wenn der Heilige,
gelobt sei er,
sie von mir verlangt,
so gebe ich ihm sein mir anvertrautes Gut
zurück und erblühe wie eine Lilie …“ [13]

Der Leib der Erde bewahrt so die Erinnerung an alles erlittene Unrecht, an alle Opfer von Gewalt. Die Erde bewahrt alle Lieben, die uns der Tod genommen

---

[11] Ein Midrasch ist in der Tradition des Judentums eine erzählende Auslegung einer Schriftstelle der hebräischen Bibel.
[12] Luzia Sutter-Rehmann: Vom Mut, genau hinzusehen, S. 143.
[13] A.a.O., S. 144. Der Midrasch wird von der Autorin zitiert.

hat, zugleich mit der Hoffnung auf ein Leben in Gerechtigkeit und eine Neugeburt – so wie der Frühling mit seinen sprießenden Blumen, den „Lilien des Feldes“, wie sie in der Bibel genannt werden. – Auch Maria wird oft im Bild der Lilie gesehen.

Wenn am Feiertag Mariä Himmelfahrt, der auch der „große Frauentag“ genannt wird, in vielen Gottesdiensten duftende Kräuterbüschel ausgeteilt werden, schließt sich so der Kreis von Maria, der Gebärerin des Messias, über den Schoß aller Frauen bis zum Mutterschoß der Erde, aus dem nicht nur Blumen und Kräuter kommen, sondern auch der auferstandene Christus und alle Toten, wenn die Zeit reif ist für ihre Neugeburt.

Die Erde, die Leiblichkeit, wird dabei nicht überwunden, sondern verwandelt. Unsere Sehnsucht nach Gerechtigkeit sind die Wehen, die es dazu braucht. Wir selbst sind es, die wie Maria in unserem Herzen und in unserem Schoß das Neue tragen, Gottes kommende Welt, die er durch uns gebären will.

Umkehr und Aufbruch

Damit die Umkehr des Neuen Testamentes nicht auf Denken und Fühlen verkürzt wird, sondern das Gehen und Tun im Blick bleibt, geht es darum, das Denken vom Kopf auf die Füße zu stellen.[14]

Jürgen Ebach

[14] Vgl. Jürgen Ebach: Stichworte *schuv, teschuva* (hebr.), *metanoia* (griech.) – zurückkehren, Umkehr, Sinnesänderung, in: Bibel in gerechter Sprache, S. 2377f.

Umkehr Gottes oder: Die Zeit, die das Leben braucht

Gen 18,1-14

Eine der bekanntesten Schriftstellen des Ersten (Alten) Testamentes erzählt von Abraham und Sara, die bei den Eichen Mamres von Gott besucht werden. In aller orientalischen Großzügigkeit und Gastfreundschaft bewirten Abraham und seine Frau die drei Gäste, die die Geburt eines Sohnes ankündigen. Künstlerisch entfaltet wurde diese Szene unter anderem als Ikone mit den drei Engeln, die gleichzeitig auch als Dreifaltigkeitssymbol verstanden wird.

Wir meinen vielleicht, das Wesentliche aus der Schriftstelle zu kennen: die Bereitschaft Abrahams, den Zweifel Saras, und einen Gott, für den nichts zu wunderbar, nichts unmöglich ist –, ein Motiv, das sich im Neuen Testament wiederholt, als Maria ihr Sohn Jesus angekündigt wird.

Auf einen anderen Aspekt Gottes weist der Text außerdem noch hin, wenn man auf die hebräischen Worte achtet. Gott kündigt an, dass er (anlässlich oder in der Geburt dieses Kindes) wiederkehrt, zurückkehrt, umkehrt, was das hebräische Wort *schuv* ausdrückt. *Teschuva*, die Umkehr, ist ein zentrales Motiv jüdischer Frömmigkeit. Einzelne Menschen und das ganze Volk Israel sind zur Umkehr aufgerufen, und auch wir Christinnen und Christen. Während das griechische Wort *metanoia* nach dem Wortsinn eine Umkehr des Geistes meint, ist das hebräische *schuv, teschuva* zuerst einmal ein wörtliches Umkehren, eine Umkehr mit den Füßen. [15]

Nicht nur der Mensch kehrt im besten Fall immer wieder zu Gott zurück, wendet seine Schritte zu ihm um, sondern auch Gott kehrt beim Menschen, hier bei Abraham und Sara, ein und zu ihnen um. Es ist für mich ein faszinierender Gedanke, dass auch Gott, ganz menschlich gesehen, uns vielleicht manchmal aus dem Blick verliert, eine Zeit lang nicht auf uns zu, also in unsere Richtung, geht. Vielleicht ist es allzu menschlich gedacht, aber erleben wir es oft nicht so? Ein Gott, der uns fern ist, anscheinend auf uns vergessen hat, unsere Gebete

[15] Siehe Anmerkung 14.

nicht hört – und sich dann doch wieder umwendet, sich uns zuwendet, auf uns zu kommt …

Abraham und Sara haben vielleicht auch gedacht, Gott hätte sie vergessen. Zuerst eine großsprecherische Verheißung von Nachkommenschaft – so zahlreich wie die Sterne am Himmel – und dann dauert es, braucht es zahlreiche erfolglose Anläufe, gibt es immer wieder Enttäuschungen. Die erwünschte Schwangerschaft stellt sich nicht ein, rückt in immer weitere Ferne – das kennen Paare in der Kinderwunschklinik, das kennen aber auch wir alle, sozusagen in der Wunschklinik unseres eigenen Lebens. Die Machbarkeit von Lebensglück ist begrenzt. Wenn es dauert, wenn es schief geht, wenn Träume zerplatzen, wenn Lebenskonzepte scheitern, wo ist da Gott mit seiner Verheißung, mit seiner verlässlichen Zuwendung?

Kennen wir nicht alle das ironische und bittere Lachen Saras, die nicht nur an der Schwangerschaft zweifelt, sondern auch daran, dass Gott ihr jetzt, wo sie alt und verbraucht ist, endlich noch Liebesglück zukommen lässt?

Nun hat sich Gott aber sozusagen bekehrt, er hat daran gedacht, bei Abraham und Sara vorbeizukommen, den Weg zu ihnen eingeschlagen und ist in ihrem Zelt eingekehrt. Abraham hat nicht gesagt: „Herr, ich bin nicht würdig, dass du eingehst unter mein Dach“, sondern hat die Gelegenheit genutzt. Im Besuch der Fremden hat er wohl, ein wenig früher schon als seine Frau, gespürt, dass jetzt die Zeit reif ist, dass Gott jetzt zu ihnen umgekehrt ist und ankommen will, und er lässt eilig ein Festmahl ausrichten. Denn die Verheißung wird nun konkret. „Übers Jahr werde ich wiederkommen und du wirst einen Sohn haben.“

Auch hier sind die hebräischen Worte noch einmal deutlicher und zugleich offener als die üblichen Übersetzungen. Denn Gott wird wiederkommen, zu den Menschen umkehren, wieder bei ihnen einkehren nicht übers Jahr, sondern wörtlich „zur Zeit, die das Leben braucht.“ (Bibel in gerechter Sprache)

Neun Monate braucht das Leben im Mutterleib, bevor das Kind zur Welt kommt. Manche kommen früher, manche ein wenig später. Immer braucht es

Zeit, bis etwas Großes das Licht der Welt erblickt, bis eine Verheißung Gestalt gewinnt.

Es braucht Zeit, bis Altes abgeschlossen ist, bis die nötigen Tränen geweint und die Wunden verheilt sind, bis die Resignation der Zuversicht weichen kann, bis die Nacht zu Ende ist und Licht am Horizont aufscheint. Die Zeit, die das Leben braucht, braucht auch Gott, um zum Menschen umzukehren, bei ihm oder ihr Gehör und Einlass zu finden. Oft sind neun Monate dafür nicht genug.

„Ich kehre zu dir zurück, zur Zeit, die das Leben braucht". Zwischen Zuversicht und Zweifel sind wir immer wieder ausgespannt wie die Zelthaut, bei der Abraham und Sara sitzen, er draußen, sie drinnen. Wie sie fühlen wir die Glut der Mittagshitze, der inneren Anspannung, und warten, dass etwas passiert, dass sich vielleicht doch etwas Entscheidendes wendet in unserm Leben, dass Gott bei uns vorbeikommt, uns nicht vergessen hat. Die Zeit, die das Leben braucht, werden wir dann wohl noch warten müssen, bis es soweit ist, bis das Brot gebacken, das Mastkalb gebraten, das Kind geboren ist.

Bruch – Aufbruch – Wendepunkt

Auferweckung und Auferstehung im Gleichnis vom verlorenen Sohn

Tob 7, 1.4-11

Lk 15,11-32

Das Gleichnis vom verlorenen Sohn und das darin enthaltene Moment des Wendepunkts und der Umkehr (metanoia) wird oft zu eng ausgelegt. Laut „Katechismus der katholischen Kirche“ von 1993 geht es darin um die Offenbarung, dass Gott mit den Sündern Erbarmen hat. Der Katechismus sieht im Gleichnis die Verlockung einer illusorischen Freiheit im Verlassen des Vaterhauses. Die Reue des Sohnes und der Entschluss, sich vor dem Vater schuldig zu bekennen, die großherzige Aufnahme durch den Vater und seine Freude seien alles Züge des Bekehrungsvorganges. Festgewand, Ring und Festmahl seien Sinnbilder des reinen, würdigen und freudvollen neuen Lebens eines Menschen, der zu Gott und in den Schoß seiner Familie, der Kirche, heimkehrt.[16]

Der reuige Sünder kehrt also heim zu seiner Familie, d.h. zu Gott und in den Schoß der Mutter Kirche. Ist das alles? Steckt nicht viel mehr in diesem Gleichnis?

Betrachten wir doch lieber den Vater und die beiden Söhne als Figuren in einem menschlichen Spannungsfeld von Aktion und Reaktion, von Beteiligung, Wachstum und Reifung aller[17]; denn verloren und wiedergefunden ist nicht nur der jüngere Sohn, tot und wieder zum Leben auferstanden sind auch die anderen Personen und alle in ihrer Beziehung zueinander. Nur auf diesem Hintergrund können wir den Bogen spannen zu Gott als Vater, der hier auch mütterliche Eigenschaften aufweist.

[16] Vgl. Rolf Baumann: Ein Mann hatte zwei Söhne … in: Bibel heute (Heft: Gleichnisse). Er bezieht sich auf die Artikel Nr. 1846 und 1439 des genannten Katechismus.
[17] Vgl. A.a.O., S. 106-107.

Auch in einer alttestamentlichen Geschichte zieht ein Sohn aus und fort: Tobias, der Sohn Tobits. (Buch Tobit, Kap. 1-12) Diese Erzählung wirft ein Licht auf die Problematik des Vaters[18], besser gesagt, der beiden Väter, die hier eine Rolle spielen und die ebenso wie der Sohn einer Erlösung bedürfen, – so wie auch der Vater im Gleichnis Jesu – um einen provokanten Gedanken jetzt schon anklingen zu lassen.

Tobias' Vater, Tobit, ist ein frommer Mann, einerseits überaus gesetzestreu, gleichzeitig aber extrem misstrauisch seiner Frau gegenüber (vgl. Tob, Kap. 1-2) Dass er erblindet, klagt und lebensmüde ist, zeigt, dass es so nicht weitergehen kann. Der einzige Sohn Tobias muss fort aus diesem engen Schoß der Familie, um erwachsen werden zu können, auch reif für eine Frau.

Ein zweiter Vater spielt in der Geschichte eine Rolle: Raguel, der Vater von Tobias' künftiger Frau Sara. Auch er ist ein frommer Mann mit Schattenseiten. Eine Reihe von Bräutigamen seiner einzigen Tochter sind in der Hochzeitsnacht verstorben, und für Tobias, den neuen Brautwerber, hebt Tobit vorbeugend auch gleich ein Grab aus (vgl. Tob, Kap. 7). Angeblich beherrscht ein Dämon seine Tochter und lässt die Männer alle sterben. Doch hat nicht ihr Vater Raguel dämonische Züge, weil er seine Tochter nicht an einen Mann verlieren will und dem künftigen Schwiegersohn gleich ein Grab schaufelt?

Das Buch Tobit zeigt also zwei Väter, von denen sich ein Sohn oder eine Tochter lösen muss oder erlöst werden muss. Auch das Gleichnis vom verlorenen Sohn zeigt, wie ich meine, einen Vater, von dem man sich lösen muss. Beide Söhne, der ältere wie der jüngere, müssen sich lösen; im Gleichnis kommt der Loslösungsprozess des jüngeren Sohnes zu einem guten Ende, der des älteren beginnt erst, sein Ausgang ist offen.

Die Zeit ist offenbar reif, dass der Jüngere sein Erbe fordert und damit die Geschichte in Gang bringt. Vielleicht spürt das auch der Vater, denn ohne Widerrede zahlt er aus, und zwar beiden, wie es im Gleichnis heißt: „Da teilte er

[18] Vgl. Lorenz Wachinger: Eheunfähigkeit und ihre Heilung – Tobias und Sara, S. 27 ff.

den Besitz unter sie." (Vers 12) Den Betrieb übergeben und damit die Zügel aus der Hand gegeben hat er aber anscheinend nicht, denn der ältere Sohn wirft ihm später vor, dass er ihm niemals auch nur ein Böcklein zur Feier mit seinen Freunden überlassen habe.

Wir können den Vater im Gleichnis also auch – wie Tobit und Raguel – als rechtschaffenen Mann betrachten, der dennoch in gewisser Weise blind ist. Es scheint, als ob er den Konflikt vermeiden möchte, der im Raum steht, als sein junger Sohn sein Erbteil fordert. Ist nun die Zeit zur Übergabe reif? Was heißt das für den Besitz, wenn ausgezahlt wird? Was bedeutet das für den zweiten Sohn, den Bruder? Und für den Fortbestand des Betriebes? Der Vater geht den Weg des geringsten Widerstandes: Er greift die Fragen nicht auf, er gibt beiden, gibt aber die Führung nicht aus der Hand. Die Perspektive für beide Söhne heißt also letztlich, unmündig und ohne Rechte zu bleiben, auf ungewisse Zeit oder sogar, bis der Vater stirbt.

Der Ältere nimmt es hin, vielleicht verspricht er als der Angepasstere sich längerfristig eine Entscheidung zu seinen Gunsten. Der Jüngere hält das nicht aus: ein Klima der Unentschiedenheit, der Ohnmacht, der Sprachlosigkeit, des Kind-bleiben-Müssens. Er bricht auf.

Weil er sich löst, kann Erlösung – für alle Beteiligten – in Gang kommen, und davor zuerst einmal Krise, Konflikt, Grenzen, dann Bewusstwerdung, Umkehr und Neubeginn.

Der Junge geht also fort mit seinem Geld, um, wie es im Märchen heißen würde, sein Glück zu suchen.

Auch Tobias geht fort um sein Glück zu suchen, um Geld abzuholen (wirtschaftlich unabhängig zu werden) und schließlich auch eine Frau zu finden. Denn wer in solchen Umständen zuhause hängen bleibt, kann sich nicht entwickeln.

Welche Rolle spielt denn eigentlich die Mutter des Tobias? Tobits Frau Hanna will ihren Sohn, das einzige Kind, erst nicht ziehen lassen, aber ihr Mann tröstet sie. Es bleiben hier zwei Elternteile zurück, nicht nur einer allein. Tobias geht mit einem Auftrag des Vaters fort, also im Einvernehmen, und mit einem erfahrenen Begleiter. Es ist hier ein Abschied, kein Bruch.

Im Gleichnis vom verlorenen Sohn fehlt die Frau, die Mutter. Vielleicht hätte sie ihren Mann bewogen, die Übergabe zeitgerecht zu regeln. Vielleicht hätte sie die Sprachlosigkeit überwinden können …?

Tatsächlich ist im Gleichnis der Bruch radikal. Der junge Mann zieht fort, in ein fernes Land (Vers 13). Ganz weit weg muss er, auch von den Werten und vom Verhalten seines Vaters, dessen Maxime heißt: alles zusammenhalten, Entscheidungen auf später verschieben, sorgsam wirtschaften. Der junge Mann hingegen lebt ganz im Augenblick, gibt mit beiden Händen aus, sorglos und verschwenderisch, und ist bald alles los, was ihm gehört. Dass er sein Geld mit Prostituierten verprasst hat, steht im Text nur als Behauptung seines Bruders und wirft jedenfalls auch ein Licht auf dessen verborgene Sehnsüchte.

Schließlich kommt eine schwere Hungersnot über das Land und damit auch über den Sohn, der in der Ferne keine wirtschaftliche Existenz aufbauen konnte. Er sucht sich eine Arbeit als Knecht und gerät ins Elend: Die Schweine haben es besser als er. Ärmer als ein „armes Schwein“ ist er geworden. „Er war verloren“, sagt sein Vater im Rückblick und: „Er war tot“.

Die Geschichte ist am Tiefpunkt angelangt. Verloren und tot ist nicht nur der junge Mann, der hungert, tot ist auch der Kontakt. Der Vater muss befürchten, einen seiner Söhne niemals wieder zu sehen. Vielleicht macht er sich Vorwürfe, dass er ihn schweigend hat ziehen lassen, dass er nicht bereit war, alles Nötige mit ihm auszureden. Der ältere Sohn hofft vielleicht heimlich, dass sein Bruder tot ist, damit er den Hof alleine erbt – und hat deshalb ein schlechtes Gewissen. Vorwürfe macht sich auch der jüngere Sohn, als er hungert. Denn der notwendige Bruch, den er herbeigeführt hat, hat bei allen Beteiligten Verletzungen hinterlassen.

Wenn alles tot ist, braucht es die Gnade aufzustehen. Aufstehen und auferstehen ist ja im Griechischen des Neuen Testamentes dasselbe Wort. Vielleicht kommt hier erstmals Gott ins Spiel, weil er (oder sie) vor dem Verlorengehen und aus dem Tod rettet und aufweckt, auferweckt, und ins Bewusstsein bringt, was los ist, dass es nämlich aufzustehen gilt, für alle drei: für den Jüngeren, den Vater und den Älteren. Und alle drei stehen auf in der Geschichte. Das ist metanoia, Umkehr, und sie hat ein unterschiedliches Gesicht für die verschiedenen Beteiligten.

Der verlorene Sohn will von vorn beginnen auf der untersten Stufe und beschließt: „Ich will aufstehen und zu meinem Vater gehen“ (Vers 18a). „Und er stand auf und ging zu seinem Vater“, heißt es nochmals im nächsten Vers – die Wortwiederholung verweist deutlich auf die Umkehr als Auferstehung.

Auch der Vater steht auf. Er hält Ausschau und läuft dem Sohn entgegen. Er geht aus seinem Haus und aus sich heraus. Er lässt sich auch innerlich bewegen. So erfährt auch der Vater die Gnade der Umkehr, der Wandlung: „Er wurde von Erbarmen bewegt“ (Vers 20), heißt es. Das Erbarmen ist nach dem hebräischen Wort die Emotion, die aus der Gebärmutter kommt. Es ist die mütterliche Seite, die in der Geschichte der drei Männer des Gleichnisses gefehlt hat, gleichsam als Zusage an den, der fortgeht: „Du wirst immer mein Sohn bleiben, was immer du auch tust. Du wirst immer heimkehren können, Hausrecht haben und willkommen sein.“ Das frische Gewand, der Ring als Geschenk, der Braten auf dem Teller, die Feier der Ankunft zeigen die mütterliche Seite des Vaters oder, wenn man will, Gottes.

Aufgestanden ist also auch der Vater im Gleichnis, er kommt nun entgegen, er zeigt Emotionen, er umarmt und küsst.

Vielleicht muss auch der Mensch von Gott fortgehen, sich entfernen, mündig werden, sodass Gott ihm entgegenkommen kann, auferstehen sozusagen aus der Distanz des allmächtigen Vaters, der jedem ein wenig gibt, aber seine Machtposition behält.

Aufgestanden ist in der Geschichte auch der Dritte, der ältere Sohn. Endlich muckt er auf, endlich probt er den Aufstand, endlich zeigt er, dass auch er hungert – nach Anerkennung, nach gerechtem Lohn, nach einem Leben in Liebe statt Abhängigkeit, in Mündigkeit statt ewiger Kindschaft. Auch er wird in dieser Heimkehr aufgeweckt, kommt zu Bewusstsein, steht auf, macht sich bemerkbar, fordert und konfrontiert.

Die wirkliche Antwort des Vaters auf ihn steht in der Geschichte noch aus. Der Vater sagt nur (Vers 31): „Du bist allzeit bei mir, und alles was mein ist, ist dein." Aber der Ältere wird sich damit nun nicht mehr begnügen. Sein Aufbruch und sein Aufstand haben soeben erst begonnen.

Im Buch Tobit muss der Dämon vertrieben werden, der auf Sara lastet. Der junge Tobias konfrontiert Saras Vater, der ihn vertrösten will, als er um ihre Hand anhält. Tobias sagt zu ihm: „Ich will nichts von Essen und Trinken hören, solang du nicht mir gegenüber entschieden hast." (Tob 7,11b)

Vielleicht wäre dieser Satz auch im Gleichnis vom verlorenen Sohn lösend und erlösend gewesen, hätte der ältere Sohn zum Vater bei der Heimkehr des Bruders gesagt: „Ich will nichts vom Feiern hören, solang du nicht mir gegenüber entschieden hast." Oder hätte der jüngere gesagt, schon vor dem Aufbruch: „Ich kann nicht mehr mit dir leben, essen und trinken, wie wenn nichts wäre, solange du nicht mir gegenüber entschieden hast."

Es braucht Mut, den Dämon zu vertreiben: den Dämon des Besitzenwollens, den Dämon des Stillstands in Beziehungen. Oft kann man auch mit Worten nichts ausrichten und muss den schmerzhaften Weg gehen und an den tiefsten Punkt gelangen, von dem aus erst Aufwachen und Auferstehung möglich werden.

Tobias kehrt heim mit einer Frau, mit Geld und mit dem Heilmittel für die Blindheit seines Vaters. Der junge Sohn im Gleichnis kehrt heim ohne Geld und ohne Frau, aber den Dämon hat auch er vertrieben. Nach dieser Rückkehr wird nichts mehr sein, wie es vorher war.

Heilsames

Beim Heilwerden geht es darum, unsere Herzen zu öffnen, nicht sie zu verschließen. Es geht darum, die Stellen in uns, die die Liebe nicht einlassen wollen, weich zu machen. Heilung ist ein Prozess. Beim Heilwerden schaukeln wir hin und her zwischen den Misshandlungen der Vergangenheit und der Fülle der Gegenwart und bleiben immer öfter in der Gegenwart. Es ist dieses Schaukeln, das die Heilung bewirkt, nicht das Stehenbleiben an einer der beiden Stellen.
Der Sinn des Heilwerdens ist nicht, für immer glücklich zu werden; das ist unmöglich. Der Sinn der Heilung ist, wach zu sein. Und dein Leben zu leben, nicht bei lebendigem Leibe zu sterben. Heilung hängt damit zusammen, gleichzeitig ganz und zerbrochen zu sein.

VerfasserIn unbekannt

Naaman macht sich auf den Weg

2 Kön 5, 1-14

Mk 1,40-45

Hautkrankheiten gehören zu den hartnäckigsten Leiden, die sich oft über Jahre und Jahrzehnte hinziehen und schwer zu behandeln sind. Allein in Österreich sind angeblich mehr als hunderttausend Menschen davon betroffen, ich gehöre übrigens auch dazu. Auch die Lepra, in der Bibel Aussatz genannt, existiert bis heute – obwohl medizinisch längst heilbar. Sie ruiniert nicht nur die Schönheit des Menschen und seine Gesundheit, sondern auch sein soziales Netz.

Was braucht ein Mensch, um Linderung seiner Leiden zu erfahren, ja vielleicht sogar ganz geheilt zu werden? Die Lesung über die Heilung des aussätzigen Aramäers Naaman zeigt uns einen Mann, der als Feldherr seines Königs durchaus wohlhabend und etabliert ist. Bis zu seiner Heilung ist es aber ein weiter Weg, ein Weg nach unten, wie sich zeigt.

Die Schritte dazu sind kein technisches Programm, nach dem Motto „Nütze die Kraft des positiven Denkens“ oder „Heile dich selbst“, sie sind vielmehr so etwas wie ein spirituelles Programm – und das bedeutet, ein gangbarer Weg für alle, wenn sie ihn auch gehen. Wenn wir spüren, wo wir Heilung brauchen, können wir uns von anderen darauf hinweisen lassen, wo wir sie finden könnten, und dann müssen wir aufbrechen, den Versuch wagen ...

Zuallererst braucht es einen Anstoß. In unserer Geschichte kommt er von einem Mädchen, das Naaman bei seinen Kriegszügen aus Israel verschleppt hat und das weiß, wo der Feldherr seine Hautkrankheit loswerden könnte: bei einem Propheten in Israel. Das Mädchen gibt den guten Tip an die Gattin Naamans weiter, diese spricht mit ihrem Mann, also dem Kranken. Und dieser Naaman wiederum spricht mit seinem König. Der König kann sich Heilung nur durch einen anderen König vorstellen. So schickt er dem König Israels in dieser Sache einen Brief und übermittelt gleichzeitig reiche Geschenke. Dieser fühlt sich überfordert, ja er schöpft gleich Verdacht, als er die Geschenke sieht.

Die erste Bewegung der Geschichte läuft also von unten nach oben, beginnend vom versklavten Mädchen über Naamans Frau, ihn selbst, bis hinauf zum König und einem zweiten Herrscher. Aber Heilung kann man nicht aushandeln, delegieren, erkaufen. Heilung kommt auch nicht von den Machthabern. Eine Gegenbewegung von oben nach unten muss stattfinden.

Naaman muss sich persönlich auf den Weg machen. Am allerwichtigsten ist, dass der kranke Mensch überhaupt aufbricht. Wer geheilt werden will, muss aufbrechen: vielleicht nach Lourdes, nach Medjugorje, nach Santiago ... oder nach Bad Gleichenberg, wohin heutzutage die Hautkranken Österreichs auf Kur fahren – oder sonst wohin. Der äußere Aufbruch ist ein Zeichen für den inneren Aufbruch, die innere Bereitschaft. Ohne den Aufbruch gibt es keine Heilung. So kommt schließlich Naaman mit Ross und Wagen über Umwege bis zur Haustür des Propheten Elischa.

Dem Aufbruch muss nun der Abstieg folgen – vielleicht das Schwierigste im Heilungsprozess. Naaman muss herunter vom Ross, heraus aus der Kutsche. Heute würde man sagen: heraus aus dem Auto oder dem Autobus. Beim Pilgern gehen die Leute heute wieder zu Fuß, zumindest ein Stück.

Es geht nicht ohne diesen Abstieg, auch den innerlichen – die Haltung der Demut. Nicht nur äußerlich, sondern auch innerlich muss man sich sozusagen niederknien, wie der Aussätzige des Evangeliums sich vor Jesus hinkniet und bittet: „Wenn du willst, kannst du mich rein machen."

Naaman aber ist noch nicht so weit. Er ist verärgert. So weit ist er, der Feldherr, gereist. Aber der Prophet Elischa findet es nicht der Mühe wert, vor die Haustür zu kommen, sondern lässt über einen Diener etwas ausrichten. Aber Naaman hat fixe Vorstellungen, wie alles ablaufen müsste: „Ich dachte, er würde herauskommen, vor mich hintreten, den Namen Jahwes, seines Gottes, anrufen, seine Hand über die kranke Stelle bewegen und so den Aussatz heilen."

Naaman muss heruntersteigen, gerade auch von seinen fixen Ideen. Es kränkt ihn, dass er nicht standesgemäß empfangen wird. Es ärgert ihn, dass er in einen Fluss steigen soll und sich siebenmal waschen, wo es doch zu Hause in

Damaskus Flüsse mit besserem Wasser gebe, wie er sagt. Er ist an dem Punkt, wo er seinen Aufbruch bereut und verwünscht. Es ärgert ihn schließlich auch, dass es so einfach gehen soll mit der Heilung. Kein kompliziertes Kurprogramm, kein aufwändiges religiöses Programm mit Fasten, Opfern und Spenden.

Er ist in der Krise, könnte man sagen, in der Krise, die oft der Heilung voraus geht. Er ist zornig, ja, er will umdrehen und wieder heimfahren. So vieles hat er schon versucht, und das jetzt ist auch nichts wert, „ es hilft eh alles nix".

Jetzt braucht er nochmals einen Anstoß von außen, einen wohlwollenden, aber kritischen. Wieder kommt der Impuls, sozial gesehen, von unten. Seine Diener sind wohl gute Psychologen, wenn sie ihm raten, nicht aufzugeben: „Wenn der Prophet etwas Schweres von dir verlangt hätte, würdest du es tun; wie viel mehr jetzt, da er zu dir nur gesagt hat: Wasch dich, und du wirst rein."

Nun wird es ernst. Naaman gibt sich einen Ruck, er springt über den Schatten seines Stolzes und seiner Skepsis und steigt zum Jordan hinunter „und tauchte sieben Mal unter, wie ihm der Gottesmann befohlen hatte. Da wurde sein Leib gesund wie der Leib eines Kindes, und er war rein." Und seine Seele – könnte man ergänzen – seine Seele voll Arroganz, voll aufgeklärter Skepsis, voll Bitterkeit wurde wohl auch gereinigt und geheilt.

Der letzte Schritt zur Heilung ist also ein Ritual – sei es im Kurhaus, bei der Psychotherapeutin, beim Propheten Elischa oder beim Propheten Jesus, der in der Schriftstelle des Evangeliums wiederum auf die Reinigungsvorschriften des Mose verweist. Ein Ritual, das könnte auch sein: die indianische Schwitzhütte – oder etwas Vertrauteres: die Beichte vielleicht oder die Krankensalbung. Die Heilung und Rettung kommt jedenfalls nicht aus mir selber, sie wird mir von anderen zugesagt und kommt letztlich aus der Tiefe der göttlichen Kraft.

Aber da bleibt es nicht aus, ganz unterzutauchen, vielleicht sogar siebenmal. Der alte Mensch muss sich seiner Angst stellen und muss untergehen. Der alte Mensch muss lernen, neu zu werden, ein Kind zu werden. Er oder sie lernt neu ein tiefes, kindliches Vertrauen, denn nur das macht Heilung möglich, sei es im Kurhaus, in Fatima oder in der Wallfahrtskirche in nächster Nähe.

Auf einer Radtour bin ich vor einigen Jahren in Lourdes vorbeigekommen. Aus der Entfernung habe ich beobachtet, wie die Menschen Schlange standen, um den Felsen zu berühren, über den das Quellwasser fließt. Selber habe ich mich dort nicht angestellt. Ich habe mich vor den RadfahrerkollegInnen geschämt – und sie, unausgesprochen, vielleicht auch vor mir. Niemand von uns hat sich in dieses Ritual getraut. Wir sind einfach weitergefahren. Es kann ja wohl nicht so einfach sein, geheilt zu werden ...

Jesus verlangt von uns, wenn wir Heilung suchen, kein religiöses Programm, weder Spenden noch gute Taten. Wir können und brauchen uns nichts erkaufen. Er verlangt von uns weder die Sonntagsmesse noch die Beichte. Und auch keine Wallfahrt (schon gar nicht mit Erbsen in den Schuhen).

Und doch kann das alles die Gelegenheit zur Heilung sein: die Aussprache, der Gottesdienst, das Pilgern. Für jede und jeden von uns gibt es Chancen der Heilung, immer wieder von Neuem. Sei aufmerksam! Lass dich von anderen darauf hinweisen! Brich auf! Steig ab! Sei dir nicht zu gut und tauch unter!

Durchbruch durch die Decke oder: Heilung des Gelähmten

Mk 2,1-12

Wenn es um die Karriereentwicklung von Frauen geht, ist oft von der gläsernen Decke die Rede. Man sieht sie nicht, dennoch ist sie da, und sie ist ein großes Hindernis nach oben. Irgendwann ist da ein Punkt – oder besser eine ganze Fläche, da geht es nicht mehr weiter. Da muss die Frau – oder oft andere mit ihr und für sie – etwas durchstoßen und damit kaputt machen, damit etwas Neues gelingen kann. Oder du (Frau, Kind, behinderter Mensch) bleibst ewig gekrümmt, musst dich klein machen, bleibst hinter deinen Möglichkeiten zurück.

Auch im Evangelium ist von einer Decke die Rede, die durchgestoßen, aufgebrochen werden muss, damit jemand Wachstums- und Entwicklungsmöglichkeiten bekommt – ein behinderter Mann, der sich nicht selbstständig fortbewegen kann, sondern von vier anderen Männern getragen wird.

Wir kennen die Geschichte. Weil im Haus, in dem Jesus sich aufhielt, soviel Auflauf war und auch der Eingang von Menschentrauben verstopft, musste man sich etwas Besonderes einfallen lassen. Es ist keine gläserne Decke, um die es hier geht, sondern vermutlich eine aus Holzbalken, wahrscheinlich mit Lehm verschmiert. Wir wissen nicht, ob darüber noch ein Dach, oder ob die Decke gleichzeitig auch schon das Flachdach war – jedenfalls ruinieren die einen Männer, was andere vor ihnen mühsam zurechtgezimmert und dichtgemacht haben. Sie schlagen also ein ordentliches Loch, weil nur so der Kranke auf der Bahre hinuntergelassen werden kann.

Interessant ist in diesem Zusammenhang noch eine kleine Bemerkung über die Beziehung Jesu zu diesem Haus. Es heißt nämlich: „Als er einige Tage später nach Kafarnaum zurückkam, wurde bekannt, dass er wieder zuhause war". Bei wem? Bei guten Freunden vermutlich. Er, der soviel unterwegs war, „keinen Ort hatte, wohin er sein Haupt betten könnte", wird dieses Zuhause, diese

Geborgenheit, vielleicht auch ein Stück Privatleben, wohl besonders geschätzt und benötigt haben.

Nun wird er belagert, bedrängt, und plötzlich bröckelt der Lehm über ihm und knirschen die Balken, bricht die Decke auf, entsetzt weichen alle zurück. Man denkt an Baufehler oder Naturkatastrophen – oder hat man vielleicht auch zuvor schon die Äxte gehört? – Es heißt ja: „Sie schlugen die Decke durch …“

Wie mag es den Gastgebern zumute sein, und wie Jesus, der in diesem Moment nicht nur einen Ort der Geborgenheit zu verlieren droht, sondern vielleicht seinen Rausschmiss riskiert, weil diese Unverschämten vor nichts zurückschrecken, weil er selber provoziert, dass die Leute alle Grenzen des Anstandes und der guten Sitten überschreiten?

Die Decke durchschlagen – die gläserne oder die hölzerne: Hat ein „durchschlagender Erfolg“ immer etwas zu tun mit Grenzüberschreitung, mit Aggression, mit Ellbogentechnik – jedenfalls mit Kollateralschäden, wie das so schön heißt? Darf man auf dem Weg zu eigenem Wachstum und Bewegungsfreiheit anderen Menschen Schaden zufügen?

Nun, die Helfer sind ja nicht gewalttätig, aber trotzdem: So ein Hausfriedensbruch, verbunden mit Vandalismus, ist ja keine Kleinigkeit.

Die Decke durchschlagen, die Decke aufbrechen – vielleicht hilft uns da noch ein anderes Bild weiter. Auch das Küken schlägt die Decke durch, die Eierschale, wenn es bereit ist zum Leben draußen. Der Schmetterling verlässt den Kokon. Das Neugeborene sprengt die Fruchtblase, wenn die Geburt beginnt, und fügt der Mutter Schmerzen zu, bis es schließlich in der Welt ist, wo es nun weitere Wachstums- und Entfaltungsmöglichkeiten hat.

Vielleicht verweisen diese Bilder vom Aufbrechen und Durchschlagen der Decke auf das Krankheitsbild des Gelähmten. Er steckt ja auch wie in einem Kokon oder Korsett, immer abhängig, wie ein Neugeborenes. Vielleicht steckt in ihm emotional einiges „unter der Decke“: sehr viel Wut über seine Krankheit, seine Abhängigkeit, seinen Mangel an Wachstums-, Bewegungs- und

Entwicklungsmöglichkeiten, Vorwürfe, Bitterkeit. Und jetzt, so nah an der Heilungschance: so viel Gedränge, unmöglich, an Jesus, der endlich einmal zuhause ist, heranzukommen. Da bricht es in ihm auf wie ein Geschwür, da kann er nicht mehr warten und geduldig sein.

Ich stelle mir vor, er selbst hat die Idee, es vom Dach her zu versuchen, und er bedrängt seine Helfer, wird ihnen lästig. Das, was emotional so lange gelähmt war, kommt innerlich in Wallung, in Bewegung. Die Helfer wollen vermutlich nichts zerstören, sie haben ja auch kein Werkzeug mit, und außerdem … Da meint er, wie wär's mit den Stangen meiner Tragbahre als Brechstangen? Vielleicht kann er mit seinen Armen auch selbst mithelfen …

Sie geben ihm endlich nach, „und sie schlugen die Decke durch". Ein Durchbruch. Wir sind es wohl selbst nicht gewohnt, ein solches Maß an Kraft und Aggression noch wohlwollend wahrzunehmen, zum Beispiel bei Jugendlichen, die oft auch aus Not und Enge heraus „die Decke durchschlagen". Bei Frauen wird so etwas wie Ellbogentechnik schon scharf verurteilt – sei es von denen, die selbst nichts wagen oder aber schon einen bequemen Platz dort haben, wohin andere sich mit Mühe durchkämpfen müssen.

Jesus reagiert nun aber nicht aus der Position dessen, der bereits drinnen ist, am Ziel, gemütlich zuhause, sondern versetzt sich in den, der sich erst durchkämpfen muss und zeigt deshalb Verständnis und Anerkennung. Er sieht die Hintergründe und die gute Absicht und würdigt die Kraft, die schließlich zum Ziel führt. „Als Jesus ihren Glauben sah, sagte er zu dem Gelähmten: „Mein Sohn, deine Sünden sind dir vergeben." Jesus sieht den Glauben der Helfer und des Mannes, der alles riskiert, der die Grenzen der Konvention durchbricht, unverschämt und direkt. Jesus sieht die Verzweiflung, die endlich ein Ventil gefunden hat, die Starre, die sich endlich in Bewegung setzt, den Mut, sich endlich, sozusagen mit Gewalt, in die Mitte des Geschehens zu drängen, statt sich ewig hinten anzustellen. „Deine Sünden sind dir vergeben" – das Andere-verantwortlich-Machen, das Versinken im Selbstmitleid, die Vorwürfe, der Zweifel, ob ein solches Leben denn sinnvoll sei.

Jesus ist hier wie ein Geburtshelfer, wie eine Hebamme. Und so kommt es zum Durchbruch, auch wenn der Damm reißt, auch wenn anderen – zumindest kurzzeitig – ein Schaden entsteht. Ein Damm lässt sich nähen, ein Dach lässt sich wieder reparieren. Wichtig ist, dass der Durchbruch gelungen ist, dass das Kind lebt.

„Steh auf, nimm deine Tragbahre und geh nachhause!“, sagt Jesus zum Schluss dieser Begegnung. Damit schließt sich ein Kreis. Auch Jesus ist ja zuvor nachhause gekommen.

So darf auch der früher Gelähmte jetzt nachhause. Endlich wird er das Gefühl kennen lernen, bei sich zuhause zu sein, sich praktisch und auch emotional selbst versorgen können, im Herzen versöhnt mit seiner Geschichte und zuversichtlich, was seine Zukunft betrifft.

„Der Mann stand sofort auf, nahm seine Tragbahre und ging vor aller Augen weg.“ Den anderen bleibt der Mund offen wie das Loch in der Decke. „Da gerieten alle außer sich. Sie priesen Gott und sagten: So etwas haben wir noch nie gesehen.“

Über den Protest einer Frau und die Wurzeln einer Gemeinde

Die Heilung der Schwiegermutter des Simon Petrus

Apg 28, 7-10

Mk 1, 29-31

Es wäre auch heute eine ziemlich peinliche Situation: Es ist Sonntagmittag, ein Gast ist angesagt, und die Frau des Hauses liegt darnieder. Wer wird die Tischgesellschaft versorgen? Kann man den Gast kurzfristig wieder ausladen oder wird irgendwie improvisiert? Sind vielleicht ohnehin noch andere für die Arbeit zuständig? Was ist mit der Juniorchefin, wenn die Seniorchefin des Hauses ausfällt? Von der Gattin des Simon hören wir nichts im Text. Überhaupt geht es im Vergleich mit anderen Heilungsgeschichten und ihren ausführlichen Dialogen hier ziemlich wortlos zu. Aber betrachten wir erst einmal die Vorgeschichte.

Jesus und seine ersten Jünger kommen aus dem Gottesdienst in der Synagoge. Er ist dort öffentlich aufgetreten, hat wie einer, der etwas zu sagen hat, gelehrt und Erstaunen erregt. Dann hat er einen unreinen Geist ausgetrieben. Unter den Anwesenden gibt es ein Streitgespräch. Der neue Rabbi ist noch unbekannt, aber bald weiß die ganze Gegend von ihm.

Aber vorerst wird es privat. Zweimal zwei Brüder nehmen ihren Gast mit nachhause. Kein Publikum. Kein Auftritt. Jesus lehrt nicht, er sagt nach unserem Text kein Wort. Auch die Frau, die mit Fieber darniederliegt, sagt kein Wort. Sie bittet nicht etwa um Heilung. Jesus ist von den Brüdern, die ihn eingeladen haben, vorinformiert: „Sie sprachen mit Jesus über sie“, heißt es. Auch hier keine ausdrückliche Bitte um Heilung. Vielleicht ist die Frau auch nicht in erster Linie körperlich krank, sondern es gibt einen Konflikt. Sie kann den Rabbi nicht bewirten, ja will es vielleicht gar nicht. Denn zweien ihrer Söhne und auch anderen im Dorf hat er den Kopf verdreht, sodass sie den Fischfang und damit die Sorge um die Existenz der Familie an den Nagel gehängt haben. Die Schwiegermutter selbst und mit ihr alles andere liegt nun sozusagen darnieder. Jesus berührt die Frau nicht sanft, er ergreift sie, heißt es im Text, so wie ihn die

Häscher bei der Gefangennahme – es wird dasselbe Wort verwendet – und richtet sie auf.

Wir wissen nicht, was sie aufrichtet, ihr wieder Zuversicht gibt. Vielleicht ist es das Ringen Jesu mit ihrem Widerstand, auf gleicher Augenhöhe sozusagen. Nicht was sie vom Rabbi gehört hat, überzeugt sie, sondern wie er ihr gegenübertritt. Das Fieber, der Widerstand, weicht von ihr, und sie nimmt ihren Dienst an den Gästen auf – und das bedeutet vielmehr als Kaffeekochen, davon später.

Auch in der Apostelgeschichte gibt es eine ähnliche Erzählung. Hier ist es Paulus, der wie Jesus unterwegs und auf Gastfreundschaft angewiesen ist. Er wird von Publius aufgenommen, dessen Vater ebenfalls durch Fieber – hier infolge einer Ruhr – darniederliegt. Paulus geht zu ihm hin, betet, legt ihm die Hände auf und macht ihn gesund. Daraufhin kommen – wie nach der Gesundung der Schwiegermutter des Simon – auch noch andere Kranke. Die Reaktion des gesundeten Vaters ist ebenfalls ein Dienen. Neben Ehrenbezeigungen werden Paulus und seine Gefährten bei der Abfahrt mit allem Nötigen versorgt, heißt es in der Apostelgeschichte. Hier zeigt sich, dass der Wortbegriff des Dienens keineswegs auf klassisch-weibliche Haushaltsrollen verengt werden darf.

Wozu stehen also solche Texte in der Bibel? Bibelkundige Frauen nehmen an, dass der Schwerpunkt nicht nur auf der Heilung liegt[19]. Es sind in erster Linie Geschichten von Gemeindegründungen. Menschen sind vom Wirken Gottes ergriffen und öffnen ihr Haus für die ersten Christinnen und Christen, dienen mit dem, was konkret und aktuell gebraucht wird, dienen auch, indem sie koordinieren, planen, leiten. Beim Vater des Publius auf Malta, bei Lydia in Kleinasien, bei Maria und Martha in Bethanien, bei der Schwiegermutter des Simon Petrus in Kafarnaum, da hat Hauskirche begonnen. Da waren die ersten Missionare gut aufgehoben, bei manchen war zuvor auch Jesus ein Stück zuhause. Im Markusevangelium heißt es nämlich im nächsten Kapitel: „Und als er nach Tagen wieder nach Kafarnaum kam, wurde bekannt, dass er zuhause sei.

[19] Vgl. Monika Fander: Frauen in der Nachfolge Jesu. Die Rolle der Frau im Markusevangelium, S. 413-432.

Da strömten viele zusammen, sodass nicht einmal vor der Türe Platz war." (Mk 2,1-2) Darum wird der Gelähmte auch von oben, übers Dach, ins Haus gebracht.

Durchs offene Dach kann man in Kafarnaum auch heute noch sozusagen ins vermutliche „Wohnzimmer" der Schwiegermutter des Petrus schauen. Über Ausgrabungen eines einfachen Wohnhauses, das im ersten Jahrhundert leicht vergrößert, viel später ein achteckiger Kirchenbau wurde, – über all diesen Mauerresten haben Franziskaner eine schwebende, auf Säulen stehende Betonkirche mit einem Glasboden in der Mitte errichtet. So können Pilger und Pilgerinnen heute hinunterschauen zu den Wurzeln unseres Glaubens. An diesen Wurzeln stehen nicht nur die Männer, die ihre Boote verlassen haben. An den Wurzeln finden sich auch die Frauen, die in ihren Häusern und an ihren Tischen Raum gegeben haben für die neue Bewegung und so Diakoninnen der frühen Kirche waren.

Vielleicht ist in Zeiten des Umbruchs der Kirche, der Entwurzelung und Verunsicherung, dieses „Zurück zu den Wurzeln" wieder ganz wichtig: dass in unseren Häusern Raum ist für Kirche und Gemeinde, dass wir teilen und austeilen, dass sich etwas Heilsames ereignen kann. Das Wunder passiert im Kleinen, vielleicht im Privaten, ohne große Worte. Denn was Jesus da tut, das können wir auch tun: Er ging zu ihr hin – er ergriff sie bei der Hand – er richtete sie auf.

Berufung in schwierigen Zeiten

Mich meiner Berufung öffnen
mir von Gott das Herz aufschließen lassen –
worum es da wohl geht?

Vielleicht um nichts Spektakuläres,
nichts Außergewöhnliches.
Vielleicht soll ich tun, was ich immer tue,
die sein, die ich halt bin und bleibe.

Meine Sache ist nicht groß,
nicht besonders,
nicht ungewöhnlich,
nicht übermenschlich.

Aber mein Leben gelingt,
wenn es mir gelingt,
bei meiner Sache zu bleiben
und dabei behutsam zu sein,
aufmerksam, langsam,
voll Geistesgegenwart
bis in die Fingerspitzen. [20]

Maria Prieler-Woldan

---

[20] Maria Prieler-Woldan, nach Auszügen aus: Peter Handke: Gedicht an die Dauer, zitiert nach: Peter Schellenbaum: Im Einverständnis mit dem Wunderbaren, S. 96.

Lydia: Berufung und Nachfolge – einmal anders ...

Apg 16,9-15

Lk 5, 1-11; 8,1-3

Viele Menschen sind von Jesus in seine Nachfolge berufen worden. Auch einige Frauen – mehr oder weniger bekannte – waren in der Gefolgschaft Jesu; und es wird bei Lukas berichtet, dass sie Jesus und die Jünger unterstützten mit dem, was sie besaßen.

Aber viel strahlender, viel eindrucksvoller erscheint doch die Geschichte der Männer, die mit Jesus gingen, viel stärker hat sie auch unsere Vorstellung von Berufung geprägt.

Die Berufung der ersten Apostel: Unzählige Male haben wir davon wohl schon gehört, in der Kirche, im Religionsunterricht. Auch die bildende Kunst ist reich an Darstellungen dieser Szene: Männer, die aufstehen und ihre Netze zurücklassen, den Blick auf Jesus gerichtet. Nach Lukas geht dem ein wunderbarer Fischfang voraus; und dann, so heißt es, zogen Simon, Jakobus und Johannes „die Boote an Land, sie ließen alles zurück und folgten ihm nach."

Auf den Ruf Jesu hin trennen sie sich von ihrem Beruf und ihrer Familie und lassen sich auf eine ungewisse Zukunft ein. Das verlangt uns schon Respekt ab und ist wohl den meisten von uns auch ein wenig unheimlich.

Berufung und Nachfolge: Ist das ein „Minderheitenprogramm", sozusagen nur etwas für wenige „Auserwählte"? Wer kann denn das, was da gefordert wird, schon leisten? Die Apostel jedenfalls haben Berufung und Nachfolge hautnah und radikal erlebt und gelebt.

Und wie schaut das heute aus?
Wer Jesus nachfolgen will, muss auf vieles verzichten, so meinen wir, und so ist es katholische Tradition. Priester und Ordensleute leisten Verzicht auf

Partnerschaft und Familie, oft auch auf Besitz und Vermögen. Das ist *ein* Modell von Nachfolge, aber nicht das einzige.

Die Bibel zeigt uns auch andere Wege, wie in der Lesung aus der Apostelgeschichte deutlich wird, wenn von Berufung und Nachfolge der Lydia erzählt wird.

Lydia ist Purpurhändlerin, also eine Geschäftsfrau, und lebt in der Nähe von Philippi, an der griechischen Küste. Die Rede ist von ihr und ihrem Haus. Sie ist also gebunden. Lydia hat offenbar Angehörige, Verwandte und vielleicht auch „Personal", wie wir es heute formulieren würden. Auf jeden Fall nimmt sie in ihrem Haus eine zentrale Stellung ein, wenn es heißt, dass sie und ihr Haus sich taufen lassen.

Über Paulus kommt sie in Berührung mit der Botschaft Jesu. Und so wie den ersten Aposteln schließt auch ihr Jesus Christus das Herz auf, wie es im Lesungstext heißt. „Er schließt ihr das Herz auf" – was für eine schöne Formulierung für das, was Berufung ausmacht.

Im Gegensatz zu den Fischern sieht sich Lydia aber nicht veranlasst, sich von ihrem Beruf zu trennen, von ihrem Hab und Gut, von ihrer Familie und ihrem Haus. Es genügt, dass sie sich öffnet.

Sie öffnet ihr Herz, sie öffnet ihr Haus und sie öffnet ihr Vermögen – im weitesten Sinn des Wortes. Das ist ihre Art von Nachfolge. Ja, sie nötigt sogar Paulus und seinen Begleiter, bei ihr einzukehren, wenn sie sagt: „Wenn ihr mich als Gläubige anerkennt, so kommt in mein Haus und bleibt."

Paulus ist geblieben, obwohl er an anderer Stelle immer wieder betont hat, wie wichtig es ihm ist, für seinen Lebensunterhalt selber aufzukommen.

Später wird er froh sein, Lydias Gastfreundschaft angenommen zu haben. Er wird nämlich bald darauf zusammen mit seinem Begleiter Silas ausgepeitscht, verhaftet und gefoltert. Durch ein Wunder kommen beide wieder frei. „Sie gingen aus dem Gefängnis hinaus und begaben sich zu Lydia." (Apg 16, 40a).

Wie gut, dass der Kontakt schon hergestellt ist. Wie gut, dass ein Haus für die beiden geöffnet ist, ein Herz geöffnet ist und dass ihnen das Vermögen dieser Frau offen steht: Da ist ihr Vermögen, Wunden zu versorgen und zu trösten; ihr Vermögen, den Verfolgten Schutz und Sicherheit zu bieten und den Raum, sich mit den anderen Gläubigen zu treffen. Und da ist nicht zuletzt auch ihr materielles Vermögen, die beiden mit allem auszustatten, was sie für die weitere Reise brauchen.

Berufung und Nachfolge also werden hier einmal ganz anders, ganz ungewohnt verstanden. Die Botschaft der Lesung entlastet uns und fordert uns zugleich heraus, nicht nur *ein* zentrales Bild von Nachfolge im Kopf zu haben: Männer, die ihre bisherige Existenz hinter sich lassen und auf eine Familie verzichten. Wir brauchen auch andere Bilder für Nachfolge, wie das von Lydia, einer Frau, die Haus, Familie und Vermögen behält, aber öffnet.

Denn wer weiß: Vielleicht ist der springende Punkt in der Nachfolge nicht der, sein Vermögen zurückzulassen, also eigenen Besitz und gelebte Sexualität sozusagen zu „opfern“ – oder wie man früher gesagt hat: „(sich) aufzuopfern“. Vielleicht ist der springende Punkt in der Nachfolge nicht das Auf*geben,* sondern das Auf*machen*:

- das, was in mir da ist, mein Vermögen, mein Potential, zu öffnen und zu entfalten
- das, was ich vermag, auch anderen zur Verfügung zu stellen
- auch mein finanzielles Vermögen zu öffnen
- das eigene Haus, die eigene Wohnung zu öffnen in Gastfreundschaft und Großzügigkeit
- und in alldem das eigene Herz zu öffnen.

Lassen wir uns aufmachen von Gott, der jede und jeden von uns ruft und beruft, und machen wir uns selber auf, so wie wir es vermögen!

Das Wort Gottes war selten zu dieser Zeit …

1 Sam 3,1-19

Die Berufung Samuels passt vielleicht ganz gut in unsere Zeit. Denn es heißt gleich zu Beginn, im zweiten Vers (Bibel in gerechter Sprache): „Das Wort Gottes war selten zu dieser Zeit, Gesichte“ – heute würde man sagen: Erscheinungen – „waren nicht verbreitet.“ Gott erscheint nicht mehr, sein Auftreten, ja Eingreifen ist nicht mehr wahr-schein-lich, das Wort Gottes ist selten geworden, seltsam vielleicht auch, eine Kirchensprache, die keiner mehr versteht.

Eine Zeit ohne oder fast ohne Gott hat es also auch damals schon gegeben, im Exil Israels, als einzelne mündliche Erzählungen über die Anfänge des Königtums schriftlich verbunden wurden, während die Königszeit selbst schon wieder zu Ende war. Die Königszeit ist zu Ende, die Glanzzeit der Kirche, speziell der römisch-katholischen Kirche, auch.

Das Wort Gottes war selten zu dieser Zeit: Eine Zeit ohne Präsenz Gottes, ja auch ohne Präsenz seines Wortes, das an ihn erinnern könnte: In solch eine Zeit fällt die Berufung Samuels. Auf heute übertragen, ist die pastorale Situation so: Es gibt wohl noch einen Wallfahrtsort und einen alten Priester dort. Dieser ist redlich, aber schon fast blind und klagt über den religiösen Verfall. Denn der Klerus setzt die Gläubigen unter Druck und missbraucht Abhängige.

Was war nun damals die konkrete Situation, die Eli beklagt? Die Priestersöhne nehmen sich vom Opferfleisch das beste Stück, und auf Einwände der Gläubigen, dass sie den Kult missbrauchen, sagen sie: „Gib her, sonst nehme ich es mit Gewalt“. Mit oder ohne direkte Gewalt nehmen sie auch die Frauen, die am Eingang des Begegnungszeltes, also am Heiligtum, Dienst tun (1 Sam 2,22) und schlafen mit ihnen (also sozusagen mit den Messdienern und -dienerinnen).

In solch einem Umfeld – das Wort Gottes ist fast ausgestorben, viele Priester sind spirituell leer, setzen Gläubige unter Druck, und manche missbrauchen abhängige Menschen – wächst Samuel auf.

Aber vielleicht zeigt schon der nächste Vers, dass es doch noch Hoffnung gibt: Denn es heißt: „Die Gotteslampe war noch nicht erloschen“ (Vers 3). Das Ewige Licht brennt noch, auch wenn die jungen Leute nicht mehr wissen, was es bedeutet. So auch Samuel, der zwar mitten im Wallfahrtszentrum, sozusagen im Pfarrhof, aufwächst, aber Gott noch nicht kennen gelernt hat. Und auch das Wort Gottes, die Botschaft vom Ewigen, hat sich ihm noch nicht erschlossen (Vers 7). Er ist nicht einer von der klerikalen Partie.

Vielleicht ist das eine gute Idee Gottes, eine gute Voraussetzung für einen künftigen Neubeginn, sich an jemand zu wenden, der oder die unbefangen ist – jung, aber nicht naiv. Denn Jugendliche, auch in unserer Zeit, nehmen sehr wohl wahr, was sich in religiösen Institutionen abspielt und wie es mit ihnen bergab geht.

Die eigentliche Berufungsszene brauchen wir uns wohl nicht als übernatürliches Geschehen vorzustellen. Gott erscheint nicht in Glanz und Glorie, erscheint gar nicht, nur eine Stimme wird hörbar, aber nicht gleich als die von Gott erkennbar. Im Dämmerlicht der noch nicht ganz erloschenen Lampe des Bewusstseins, in einem Übergangsstadium zwischen Schlaf und Wachheit hört Samuel eine Stimme, die ihn ruft, beim Namen ruft. Ist es ein Traum? Nein, denn Samuel antwortet: „Da bin ich“, steht auf und läuft zu Eli. Ist es eine Stimme des Wachbewusstseins? Nein, denn Eli antwortet: „Ich habe dich nicht gerufen, lege dich wieder hin.“

Dreimal muss sich das wiederholen, dreimal muss der junge Mensch den alten erfahrenen Priester aufwecken, bevor dieser etwas als religiöse Erfahrung deutet, was der junge Mensch noch nicht einordnen kann.

Denn die Stimme Gottes in Samuels Leben, in unserem Leben und unserer Zeit, ist leise, mehrdeutig, leicht mit menschlichen Stimmen zu verwechseln, nicht sogleich zu erkennen: Eine Stimme im Dämmerlicht, am Übergang vom

Unbewussten zum Bewusstsein, eine Stimme, die nur hörbar ist, wenn die Aktivität des Tages ruht, das „religiöse" Geschwätz erloschen ist und Wesentliches, das Wort, ans Ohr und ins Herz dringen kann; eine innere Stimme, die doch wie von außen kommt.

Die Aufgabe des alten Priesters, dessen Kaste bald ausgestorben sein wird, ist eine Aufgabe am Übergang: zu begleiten und zu ermutigen. Der alte Eli sagt nicht, das sei die Stimme Gottes gewesen, das wisse er als Priester. Auch er begreift erst langsam, was sich da abzeichnet (Vers 8b), und sagt nur: „Geh! Lege dich hin. Wenn dich dann jemand ruft, sag: Rede, Gott. Dein Getreuer hört ja."

Er sagt gleichsam: Geh wieder in diesen Zustand. Und dann richte deinen Sender auf die Frequenz, auf der die Stimme des Lebendigen für dich zu hören ist, und fordere ihn, sie, auf zu reden.

Und Gott spricht zu Samuel, und Samuel muss es weitersagen, ob gelegen oder ungelegen. So wie er am nächsten Morgen die Türen des Gotteshauses öffnet, muss er auch seinen Mund öffnen. Der letzte Dienst des alten Priesters ist es, den jungen Menschen aufzufordern: Sag schonungslos alles heraus, wie es steht mit unserer Glaubensgemeinschaft.

Und Samuel spricht prophetisch. Er spricht das Wort Gottes aus, das in Israel so lange nicht mehr zu hören war. Der Prophet, die Prophetin spricht auch heute das Urteil Gottes über diese Kirche aus: Die Zustände, so wie sie sind, sind nicht zu retten. Diese Strukturen und diese Kleruskaste werden untergehen.

Der alte Eli hört zu, und er entgegnet nicht etwa: Das ist historisch gewachsen; das kann sich nicht von heute auf morgen ändern, sondern er antwortet auf die Ankündigung des Unterganges, ja des Todes, seiner Klerikersöhne: „Das ist Gott. Was er für gut hält, tut er."

Auch heute ruft Gott Menschen wie dich und mich: nicht nur die Frommen, nicht nur zölibatäre Männer, nicht nur die kirchlich Sozialisierten. Die Gotteslampe ist noch nicht erloschen, auch wenn sein Wort selten geworden ist.

Der Lebendige braucht Prophetinnen und Propheten, die die Fenster und Türen der Gotteshäuser weit öffnen und auch ihren Mund aufmachen in die Kirche und die Welt hinein, sei es gelegen oder ungelegen. Und wenn die alten Priester diese Frauen und Männer begleiten auf dem Weg zur ganz eigenen Gotteserfahrung und selber zum Zuhören bereit sind, werden sie ihren Dienst tun und den Weg bereiten für einen Neuanfang.

Ein Schatz in zerbrechlichen Gefäßen

2 Kor 4, 3-9

„Scherben bringen Glück“, sagt ein Sprichwort. Es soll vielleicht den Schreck bannen, wenn ein Weinglas oder eine besonders schöne Vase auf dem Boden gelandet und leider kaputt ist. Wenn man schon die Scherben hat, den Schaden hat, wenn man sich ärgert oder wenn es einem einfach Leid tut um das schöne Stück –, dann wird wenigstens danach irgendein Glück dem Unglück folgen, meint der Volksmund.

Eine ähnliche Redewendung gibt es jedoch auch umgekehrt: „Das Glück ist in Scherben gegangen“. Zum Beispiel wurde durch ein Hochwasser das Haus einer Familie vernichtet; oder der Arbeitsplatz eines Menschen ist weg; oder ein Paar lässt sich scheiden. Da ist das Glück in Scherben gegangen. Auch bei einer Operation oder einer schweren Krankheit erfahren wir das oft so: Das Glück ist zersprungen oder hat zumindest einen Sprung bekommen. Wir merken plötzlich, dass wir verwundbar sind.

Unser Leben, unsere Gesundheit, unsere Beziehungen sind verwundbar. Unser Glück ist zerbrechlich, und wie leicht fällt es einem aus der Hand – ob man da selbst schuld ist oder jemand anderer, ist letztlich egal. Oft bleiben Ärger, Schock, Verbitterung.

„Wir sind zerbrechliche Gefäße“, so beschreibt auch der Apostel Paulus unser Leben. Zerbrechlich sind wir, oder irdisch, wie es wörtlich heißt; irdisch – aus Erde – ein irdenes Gefäß. Gott hat uns nicht aus Metall gebaut – da würden wir mehr aushalten –, sondern aus Erde gemacht, aus Ton geformt. Am Aschermittwoch, zu Beginn der Fastenzeit, werden wir daran erinnert: „Mensch, du bist Erde und wirst zur Erde zurückkehren.“

Aber in diesem irdischen Gefäß, das unser Leben ist, scheint ein besonderes Licht. Zu Weihnachten haben wir das wieder gefeiert. Jesus ist „in unseren Herzen aufgeleuchtet“, sagt Paulus, „damit wir erleuchtet werden zur Erkenntnis des göttlichen Glanzes auf dem Antlitz Christi." Auch Jesus war einer von uns, zerbrechlich und irdisch. Auch er hat nicht nur Glück gehabt. Er hat gelitten, ja sein Leben ist in Scherben gegangen. Und doch liegt auf ihm, liegt auf seinem Gesicht, der Glanz Gottes.

Dieser Glaube an Jesus, an den Glanz Gottes auf seinem und damit auch auf unserem Gesicht, ist ein Schatz, der keinem Menschen und keiner Kirche allein gehört. Gerade auch unter Christinnen und Christen und zwischen den Kirchen wurde in den vergangenen Jahrhunderten viel Porzellan zerschlagen. Es ist höchste Zeit, dass wir gut auf das Zerbrechliche aufpassen und uns auf unseren gemeinsamen Schatz besinnen.

Gott ist „in unseren Herzen aufgeleuchtet". Wir sind zerbrechliche Gefäße, und doch leuchtet ein besonderes Licht in uns. Es ist unser Glaube, der uns Zuversicht gibt, der uns leuchtet in den Dunkelheiten des Lebens. Diesen Glauben sollen wir hüten wie einen Schatz. Vielleicht bringen dann auch tatsächlich manche Scherben in unserem Leben Glück; das Glück, dass wir bereit werden, unsere zerbrechliche Existenz anzunehmen, ja gut zu heißen.

Das gilt für unser eigenes Dasein in der Welt, aber auch für das Schicksal anderer Menschen, deren Glück oft ebenso in Scherben liegt. In der jüdischen Tradition ist in diesem Zusammenhang die Rede von *tikkun olam*, der Wiederherstellung des guten Zustands der Welt. Gottes Schöpfung ist gut, heißt es da, aber sein Licht ist zu stark, zu hell für die Gefäße des Lebens, sodass sie zerbrechen und im ganzen Universum Scherben hinterlassen. Indem wir die Scherben der Schöpfung sammeln und die Gefäße wieder herstellen und erneut formen, helfen wir sozusagen Gott bei der Neuschöpfung, bei der Wiederherstellung des harmonischen Zustands der Welt. [21]

Wir werden die Bruchstellen nie vollständig beseitigen können. Alte Risse bleiben, neue kommen dazu. Und vielleicht braucht es gerade die Sprünge im Tongefäß des Lebens und der Welt, damit das Licht Gottes durchscheinen kann, wie es auch der Sänger Leonard Cohen ausdrückt: „There is a crack in

---

[21] Jüdische Überlieferung, vgl. Maria Harris: Die schöpferische Kraft der Ruhe, S. 38.

everything, that´s how the light gets in.“[22] Mitten in den Scherben können wir erfahren, was Paulus formuliert: „Wir werden niedergestreckt und doch nicht vernichtet.“ Und wir dürfen spüren, gerade auch in der Überwindung von Krisen, „dass das Übermaß der Kraft von Gott und nicht von uns kommt.“ Und aus all den Scherben fällt der Glanz Gottes auf uns.

[22] Leonard Cohen: Anthem, zitiert nach: www.azlyrics.com/lyrics/leonardcohen/anthem.html vom 30.09.2011.

Literaturverzeichnis

Bibelübersetzungen

Die Heilige Schrift. Einheitsübersetzung, Verlag Katholisches Bibelwerk Stuttgart 1981.

Bibel in gerechter Sprache, herausgegeben von Ulrike Bail u.a., Gütersloher Verlagshaus, Gütersloh 2006.

Die Bibel. Deutsche Ausgabe mit den Erläuterungen der Jerusalemer Bibel, Freiburg 9. Auflage 1968.

Die Bibel, nach der deutschen Übersetzung Martin Luthers, Stuttgart 1967.

Zürcher Bibel, Zürich 2007.

Sonstige im Text zitierte Literatur

Baumann, Rolf: Ein Mann hatte zwei Söhne ... in: Bibel heute, Nr. 144 (Gleichnisse), 4. Quartal 2000.

Boff, Leonardo: Kleine Sakramentenlehre, Petropolis 1975, dritte deutsche Auflage 1979.

Cardenal, Ernesto: Gebet für Marilyn Monroe, in: Derselbe: Gebet für Marilyn Monroe, dtv München 1994, S. 81-83.

Cohen, Leonard: Anthem, zitiert nach: www.azlyrics.com/lyrics/leonardcohen/anthem.html, vom 30.09.2011.

Crüsemann, Frank: Stichwort *Tora*, in: Bibel in gerechter Sprache, Glossar, S. 2350.

Ebach, Jürgen: Stichworte *schuv, teschuva* (hebr.), *metanoia* (griech.), in: Bibel in gerechter Sprache, Glossar, S. 2378.

Fander, Monika: Frauen in der Nachfolge Jesu. Die Rolle der Frau im Markusevangelium, in: Evangelische Theologie, 52. Jg., Heft 5, S. 413-432.

Handke, Peter: Gedicht an die Dauer, zitiert nach: Peter Schellenbaum: Im Einverständnis mit dem Wunderbaren, dtv München 2003.

Harris, Maria: Die schöpferische Kraft der Ruhe. Den Sabbat für das kommende Jahrtausend wieder entdecken, Claudius-Verlag München 1998.

Sölle, Dorothee: Phantasie und Gehorsam. Überlegungen zu einer künftigen christlichen Ethik, Kreuz-Verlag Stuttgart 1968, 12. Auflage 1988.

Sosa, Mercedes: Wie die Vögel in der Luft (Como pajaros en el aire), Textheft der CD „Mercedes Sosa. Live in Europa", Tropical Music /POB 2230 Marburg/Lahn 1989.

Sutter-Rehmann, Luzia: Vom Mut genau hinzusehen. Feministisch-befreiungstheologische Interpretationen zur Apokalyptik, Exodus-Verlag 1998.

Wachinger, Lorenz: Eheunfähigkeit und ihre Heilung – Tobias und Sara, in: Derselbe: Einander lieben – einander lassen, Kösel-Verlag, 2. veränderte Auflage 1986.

Printed by Books on Demand GmbH, Norderstedt / Germany